當代中國概覽

金帛 著

中國是一個需要認識和了解的國家。作為當今世界上發展最快的國家之一，中國的經濟發展之迅猛和社會變動之劇烈，舉世罕見。中國的人口居世界之冠，因中國的發展，世界多了新的發展機遇。中國與世界的聯繫日益緊密。中國的發展離不開世界，世界的繁榮需要中國。

中國是一個值得認識和了解的國家。中國有五千年文明史，本土文化燦爛輝煌，是遠古人類社會各種文明形態中唯一未曾中斷並保持了連續性的國家。中國以獨特的文化思維和表現，豐富和發展了人類文明。

中國是一個能夠被認識和了解的國家。當今的中國，順應歷史潮流，向世界敞開胸懷，以海納百川之偉氣，兼收並蓄，與各國相互學習，相互借鑑。中國人民善良友好，篤信和平，真誠對待世界各國人民。

千百年來，外國人對中國的認識和了解從未中斷過，其中不乏灼見。在不同的歷史時期，中國給世人留下了不同的印象。

近四百年前，葡萄牙傳教士奧伐羅・塞默多（Alvaro Semedo）在其所著的《大中國志》一書中，對古代中國有如下描述：

這個國家人口眾多，不僅村莊，連城鎮都彼此在望，有些地方河流甚多，屋舍幾乎連綿不絕……這個國家幅員遼闊，有不同的緯度和氣候，所

以盛產各種水果，大自然好像把分散在世界各地的水果都儲存在那裡。它的境內有供人生活的必須用品，及各種美好的東西，它不僅用不著向別的國家討乞，而且還有（又多又好的）剩餘滿足鄰近和遙遠國家的需要，這些國家一直希望來訪問和參觀。它的主要糧食是全世界用得最多的，即小麥和大米。有些國家常用這一種，或另一種，而中國則兩種都大量生產。

幾十年前，美國著名漢學家費正清（John King Fairbank）在《中國：傳統與變遷》一書中，對傳統中國社會有如下分析：

儘管對中國這麼一個龐大、古老而多樣化的社會作出幾點概括往往會產生誤導作用，但對外國觀察者來說，仍須牢記以下幾點：首先，中國社會的基本單位是家庭而非個人、政府或教會。每個人的家庭都為他們提供了主要的經濟支持、安全、教育、交際及娛樂活動。中國的倫理體系並不指向上帝或國家，而是以家庭為其中心的。在中國，社會行為規範來自家庭制度本身蘊含的忠貞誠善等個人品德。法律是進行管理的必須工具；而個人道德卻是社會的基礎。中國社會遠未因為法律觀念淡薄而導致無政府狀態，恰恰相反，它靠儒家思想緊密地結成一體。

幾年前，美國蘭德公司亞太政策中心負責人威廉・奧韋霍爾特（William Overholt）在《中國與全球化》一文中，對當代迅速發展變化的中國有如下評論：

中國正經歷的社會調整是難以形容的。但由於中國一直心甘情願地進行這種調整，人類歷史上從來沒有哪個大國能這樣突飛猛進地提高生活水平和改善勞動條件。法治局面的形成、競爭意識的增強、英語的廣泛運用，外國教育模式的推廣以及許多外國法律制度的引進，不僅完善了中國的制度習俗，而且改變了中國的文化教養。

當代中國正在發生廣泛而深刻的變革。隨著中國改革開放的深入和進一步加入經濟全球化進程，中國與世界的關係日趨緊密，認識中國日漸成為世人的一種時尚。希望本書能為那些急於了解中國基本情況的讀者打開一扇閱讀中國的窗口。

目錄

前言

第九章・經濟全球化時代的中國與世界

第一章 中國的地理與「中國」的人文含義

中國有句俗語「一方水土養一方人」，揭示了自然環境對一個國家發展和民族生存的意義。

中國作為一個統一的多民族國家，特殊的地理環境使它在形成和發展過程中，明顯地表現出內向和內聚的特點。

地理和氣候特徵

　　中國位於地球東半球的北部，亞洲大陸的東部，東臨太平洋，是一個海陸兼備的國家。中國疆域遼闊，陸地面積約九百六十萬平方公里，約占

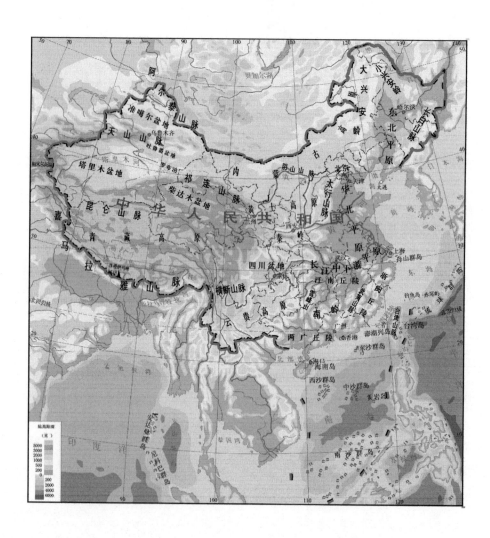

地球陸地面積的十五分之一，亞洲的四分之一，小於俄羅斯和加拿大，大於美國、澳大利亞，與歐洲相當。中國的陸上疆界長達二萬二千多公里，大陸海岸線長達一萬八千多公里，與十五個國家相鄰，與六個國家隔海相望。

中國的地勢呈西高東低的階梯狀，直到大海。中國地理形態豐富，山脈、高原、盆地、平原、湖泊、丘陵等一應俱全，形成各具特色的地貌區域。中國多山，西有喜瑪拉雅、崑崙、天山、祁連、阿爾泰等山脈，中有橫斷、大巴、太行、陰山等山脈，東有武夷、長白等山脈，山區面積占全國總面積的三分之二。這些高大山脈海拔從幾百米到幾千米不等，構成網絡狀，如同脊樑撐起中國的地貌輪廓。盆地多位於西部，主要有準噶爾、

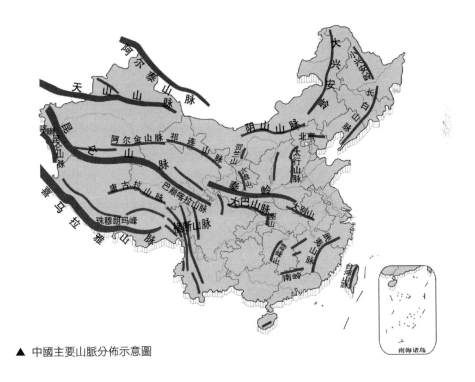

▲ 中國主要山脈分佈示意圖

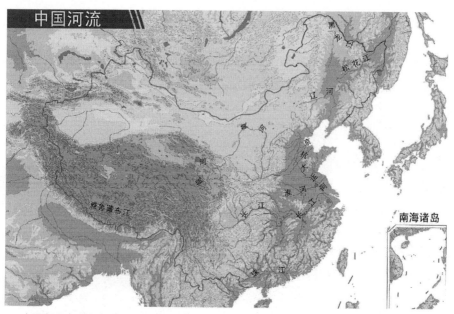

中国河流

南海诸岛

▲ 中國主要水系示意圖

塔里木、柴達木、四川等四大盆地。高原主要位於西部和北部，有被稱為「地球第三極」和「世界屋脊」的青藏高原以及雲貴、黃土、內蒙古等高原。東北平原、華北平原和長江中下游平原是中國的三大平原，都位於地勢較低的東部地區。中國的丘陵多分佈在東南地區。美國漢學家費正清在比較了中國與歐洲、北美洲、印度後認為：中國在地理上缺乏地中海或廣闊的平原所提供的便利交通；中國的華北平原遠小於印度北部的平原，更不用說北歐大平原和北美的中西部平原了。

中國多河流，主要水系有長度及流量均居世界前列的長江，以及黃河、珠江、黑龍江等。與北美洲的河流基本由南向北、中亞地區的河流基本由北向南不同，中國的眾多河流基本依地勢的傾斜自西向東或東南匯入

大海。這些河流從高處流到低處時，產生了巨大的水能資源。

　　中國的國土從北緯五十度一直延伸到北迴歸線以南，大部分國土的緯度都在歐洲以南，與美國基本相當。中國的氣候呈明顯的多樣性，絕大部分地區處於溫帶、暖溫帶和亞熱帶，氣候溫和，四季分明。大陸性季風氣候是中國氣候的主要特徵。夏季盛行東南風，炎熱多雨，氣溫比世界同緯度的其他地區偏高；冬季多偏北風，寒冷乾燥，氣溫又比同緯度的其他地區偏低。

　　當乾冷的大陸氣團與潮濕的海洋氣流在中國交匯時，便產生了主要的降雨。以淮河—秦嶺—青藏高原東南邊緣為一線，其東與南年降水量在八百毫米以上，其北與西則不足八百毫米；越向西北方向，降水越少，最少的塔里木盆地不足五十毫米。降水量呈明顯季節變化特點，集中在夏季，南方雨季長，集中在五至十月，北方雨季短，集中在七至八月。

▌地理環境與內向發展的特點

　　中國的東方和東南方，從北向南依次是渤海、黃海、東海和南海，海岸線漫長。

　　中國的北方，是遼闊的蒙古高原，並被大沙漠、戈壁和陰山山脈分割為內蒙古（漠南）和外蒙古（漠北）兩片。而在蒙古高原以北，則是東西走向長達幾千公里的山脈，山脈再向北，就是寒冷的西伯利亞。面對這種特殊的地理環境，草原上的民族在尋求發展機遇時，只能走向高原的南部，即黃河和長江流域的中原地區。古時生活在蒙古高原上的民族多為游

▲ 海南三亞的天涯海角被古時的中國人視為地之盡頭。

▲ 青藏高原的高山高聳入雲。

牧部落，他們被中原的地理環境和文化所吸引，一直具有南下趨勢，其中有的還南下中原建立了政權。

中國的東北，西有大興安嶺與蒙古高原相隔，北有小興安嶺，東有長白山山脈，再向東是浩瀚的太平洋，位於這些山海之間的是遼闊的東北平原。在東北之南，沿著渤海之濱，是一條狹長的走廊。這條走廊成為連接東北與中原的一條極為重要的道路。歷史上，起源於中國東北的民族，大多沿著這條走廊南下西進，尋求到富庶的中原地帶發展。中原地區的漢族，也常常沿著這條走廊來到東北平原，開拓新的生存之路，並將中原地區的先進文化帶到這裡。

中國的西北，邊疆一帶是難以踰越的崇山峻嶺和荒漠戈壁，構成了一

道天然屏障。這裡北有唐努山和阿爾泰山，西有海拔在四千米以上的帕米爾高原，南有巍巍崑崙山脈，再向南是生存環境較差的青藏高原。生活在這裡的各民族要想得到更好的發展，向東是最好的選擇，而東部中原地區也能夠為這裡的發展提供必要的物質條件。古時這裡的各民族通過蒙古高原和河西走廊（今甘肅西部祁連山以北的狹長地帶，因在黃河之西而得名），與中原地區的交流非常密切，在文化上與中原地區形成了互補。

中國的西南，在邊陲上橫亙著海拔五千米以上的喜瑪拉雅山脈和谷深水急的橫斷山脈，並與青藏高原和雲貴高原相依，是古代交通最不方便的地區，「峰跡連天，飛鳥不通」。這裡是中國少數民族最為集中的地區，有幾十個少數民族在此生活，他們歷來的主要發展取向也都是走向東北的中原地區。

地理環境使得中國古代各民族向外發展受到天然的限制，有些甚至是難以踰越的，這就迫使周邊各民族向內發展；而中原地區適合人類生存的一些優勢和條件，如氣候溫和、物產豐富、文化繁榮等，更是吸引了中國四周各民族的內聚傾向。同時，中原政權穩定的政治統治和對各民族採取的有效的政策，也促進了各民族的內向發展。

「中國」的由來和含義

「中國」在英文中寫作「China」。為什麼這樣寫？看法不一。有的認為中國古代以瓷器聞名於世，而「瓷」在英文裡即為「china」，於是人們便以此來稱呼中國。還有的認為這是中國歷史上第一個封建王朝秦（Chin）朝的音譯，代表著古代中國強大時期的特徵。不管怎樣，「中國」一詞的語源，大體是通過對中國古代具有代表性的一種事物或情況的概括而轉化為對一個國家的認識。

據歷史學家考證，中國的先人早在三千多年前就使用「中國」一詞

▲ 二〇一三年二月，中國國家博物館水下考古成果展上展出的福建平潭碗礁一號清代沉船發掘出水文物——青花瓷。

了，它最早反映的是傳說時代居住在黃河中游的部落控制的區域。在漫長的歷史發展中，中國一詞的內涵也在不斷擴大。在古代，中國不是一個國家概念，它只是一個表現一定地域的概念。這個地域並不是國家的全部，而僅僅是指其中心部分。二千五百多年前的中國古典文獻《春秋》中稱：「中國，京師也。」同時期的另一古典文獻《詩經》稱：「惠此中國，以綏四方。」這裡的「中國」意指首都，實際上是駕馭「四方」的核心，而

▲ 北京故宮博物院，舊稱紫禁城，十五世紀至二十世紀初一直是中國封建王權的統治中心。

「四方」則是中原以外的廣大地區，包括邊疆各少數民族地區。

在古代，東亞這一區域整個國家的概念是以「天下」「四海」「海內」等詞來稱呼的，並與「中國」一詞同時存在和使用。在古代中國人的觀念中，「天下」「四海」「海內」既包括中原地區，也包括周邊的少數民族地區。所以，在中國古代才有「得民心者，得天下」的說法，也有「天下一家」「天下歸一」的說法，還有「四海之內皆兄弟」和「海內存知己」的說法。在那時，皇（王）權被認為是高於一切的，無所不及，無處不達，統轄控制著在認識上能夠到達的所有地區，正所謂：「溥天之下，莫非王土，率土之濱，莫非王臣」。因此，在古代中國，「天下」才是國家，也才是今天所說的中國。她在地域上應包括中國各民族的地區，在政權上應包括各民族建立的中原與地方政權。

中國古代朝代之多，更替之頻，在世界各國中少見。為表明每一朝代的正統地位，中國的歷代王朝，其國號都以朝代名稱命名，如「大漢」「大唐」「大宋」「大元」「大明」「大清」等。早期西方國家在與中國接觸時，有以「明國」和「清國」等來稱呼中國的，也有「唐人」「清人」等說法，這些大體上是對古代中國國家和中國人的一種印象描述。

在中國，把「中國」一詞作為整個國家的名稱，以此代表一個國家，成為「民族國家」概念，還是近一百年來的事情。一九一一年中國人民推翻了最後一個君主專制政權——清朝，成立了中華民國，「中國」一詞才成為具有現代國家意義的正式名稱。

在今天，「中國」一詞已成為中華人民共和國的簡稱。她是一個由五十六個民族組成的統一的多民族國家，行政區域劃分如下：

▲ 中山書院浮雕。一九一二年一月一日，孫中山在南京總統府舉行就職典禮，中華民國成立，開啟了中國歷史的新紀元。

全國分為省、自治區、直轄市；

省、自治區分為自治州、縣、自治縣、市；

縣、自治縣分為鄉、民族鄉、鎮。

目前，中國有三十四個省級行政單位，包括二十三個省、五個自治區、四個直轄市和二個特別行政區。

中國的首都是北京。

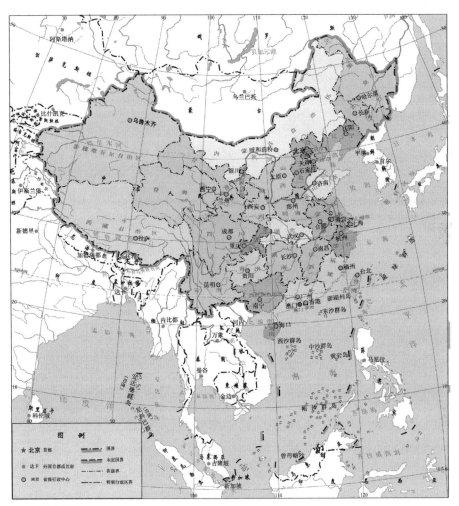

▲ 中國政區圖

中國省級行政區劃簡表				
名稱	簡稱	行政中心	面積 萬平方公里	人口 萬人
北京市	京	北京	1.68	1961
天津市	津	天津	1.13	1294
河北省	冀	石家莊	19.00	7185
山西省	晉	太原	15.60	3571
內蒙古自治區	蒙	呼和浩特	119.75	2471
遼寧省	遼	瀋陽	14.57	4375
吉林省	吉	長春	18.70	2746
黑龍江省	黑	哈爾濱	46.90	3831
上海市	滬	上海	0.62	2302
江蘇省	蘇	南京	10.26	7866
浙江省	浙	杭州	10.18	5443
安徽省	皖	合肥	13.90	5950
福建省	閩	福州	12.00	3689
江西省	贛	南昌	16.66	4457
山東省	魯	濟南	15.30	9579
河南省	豫	鄭州	16.70	9402
湖北省	鄂	武漢	18.74	5724
湖南省	湘	長沙	21.00	6568
廣東省	粵	廣州	18.60	10430
廣西壯族自治區	桂	南寧	23.77	4603

中國省級行政區劃簡表				
名稱	簡稱	行政中心	面積 萬平方公里	人口 萬人
海南省	瓊	海口	3.40	867
重慶市	渝	重慶	8.20	2885
四川省	川、蜀	成都	48.40	8042
貴州省	貴、黔	貴陽	17.00	3475
雲南省	雲、滇	昆明	39.40	4597
西藏自治區	藏	拉薩	127.49	300
陝西省	陝	西安	20.50	3733
甘肅省	甘、隴	蘭州	45.00	2558
青海省	青	西寧	72.00	563
寧夏回族自治區	寧	銀川	6.28	630
新疆維吾爾自治區	新	烏魯木齊	165.58	2181
香港特別行政區	港	香港	0.1104	710
澳門特別行政區	澳	澳門	0.0028	55
臺灣省	台	台北	3.60	2316

註：中國內地各省級行政區人口數為二〇一〇年第六次全國人口普查結果。香港、澳門人口數為香港、澳門特別行政區政府提供的二〇一〇年底數據。臺灣地區的人口數為臺灣地區有關主管部門公佈的二〇一〇年底的戶籍登記人口數據。

▍中國的東西南北中

　　中國地理形態的多樣和各地氣候的明顯差異，不僅影響著不同區域人民的生產方式，如選擇農耕、牧業、漁獵，而且還影響著人們的生活方式，如習俗、生活情趣等，甚至對不同區域人民的體格和性格也產生著影響。

　　人們談到中國人時，經常會出現南方人、北方人、東北人、西北人等

▲ 浙江嘉善縣西塘古鎮體現了江南水鄉的特色。

說法，以示在不同的自然環境條件下人類生存發展所展現出的不同特徵。

在傳統中國，南方與北方，東部、西部與中部，在生產方式上有很大的不同，這種不同有的至今存在。總體而言，南方與東部的自然條件更適合發展農業，兼有漁業；北方和西部的自然條件更適合發展牧業，兼有農業。

南方和東部主要是丘陵、平原和湖泊，大的山脈相對較少。這裡氣候溫和，日照充足，降雨充沛，利於灌溉，宜於種植水稻，且可以一年收穫兩季，也便於水上運輸和漁獵。特別是東南地區，歷來有「魚米之鄉」的美譽。這裡水鄉遍地，居住在這一地區的人們又被稱為「水上人家」。歷史上這裡的發展較北方更為富庶，除非發生特大水災，生活基本是安逸的，因此這一地區人口眾多，村鎮密集。這裡的人民勤勞善良，性情溫和委婉，呈現江南文化特點。

而在北方和西部，山脈縱橫交錯，高原眾多，占據相當大的面積。這裡大陸型氣候明顯，氣溫比南方寒冷，自然環境較南方和東部要嚴酷得多。歷史上這裡以牧業為主，並在適合農作物生長地區種植小麥、玉米、高粱等。北方的河流多季節性，大多數無法航運。在古代中國，這一地區主要的運輸工具就是牲畜。西北部地區地域廣闊，人口較少。受嚴酷的自然環境影響，歷史上北方地區經常發生饑荒，生活較為艱苦，這也使得這裡的人民性格粗獷豪放，堅強剛毅。

南北方人民性格的差異在中國古代文學裡也得到了較充分的反映。以下這首中國古代南朝（420-589）時的民歌，筆法細膩，表現了一個女子對愛情的忠貞，怨恨對方對愛情不專一：

儂作北辰星，千年無轉移。

▲ 青海省海北藏族自治州祁連山風光

歡行白日心，朝東暮又西。

與南朝同時的北朝（439-581）的一首民歌，則形象地表現了北方游牧民族的生活環境，氣象雄偉、豪放開闊：

敕勒川，陰山下，

天似穹廬，籠蓋四野。

天蒼蒼，野茫茫，

風吹草低見牛羊。

在今天的中國，為促進區域經濟協調發展，國家提出了推進西部大開發、振興東北老工業基地、促進中部地區崛起、鼓勵東部地區率先發展等戰略。這裡的西部、東北、中部、東部，都是特定的地理概念。

▲ 內蒙古呼倫貝爾草原

　　中國的西部地區包括重慶、四川、貴州、雲南、西藏、陝西、甘肅、青海、寧夏、新疆、內蒙古、廣西十二個省（自治區、直轄市），面積685 萬平方公里，占全國的 71%；二〇一〇年人口為 36038 萬人，占全國的 27.04%。

　　中國的東北地區包括遼寧、吉林、黑龍江三個省，面積七十九萬平方公里，占全國的 8.2%；二〇一〇年人口為 10952 萬人，占全國的 8.22%。

　　中國的中部地區包括山西、河南、湖北、湖南、安徽、江西六個省，面積 102.7 萬平方公里，占全國的 10.7%；二〇一〇年人口為 35672 萬人，占全國的 26.76%。

中國的東部地區包括北京、天北、山東、江蘇、上海、浙江、福建、廣東和海南十個省（直轄市），面積 91.3 萬平方公里，占全國的 9.5%；二〇〇四年人口為 50616 萬人，占全國的 37.98%。

早期的中華文明

迄今還沒有證據表明中國人的祖先來自域外。

目前能夠證明中國存在的最早人類，是上世紀六〇年代在中國西南部的雲南省元謀縣發現的元謀人，距今約一百七十萬年，屬於直立人。現已發現的是同一個體元謀人的兩顆上門齒化石，並出土了文化遺物和帶有人工痕跡的動物骨片，以及可能是人工用火的遺跡。同樣是在上世紀六〇年代，還在中國中西部的陝西省藍田發現了距今約八十萬年至六十萬年的藍田人，也屬直立人。

中國古人類研究的一次重大發現發生在上世紀二〇年代後期，這便是

▲ 北京人復原像

▲ 雲南元謀人遺址紀念碑

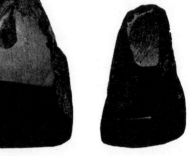

▲ 山頂洞人復原像　　　▲ 浙江餘姚河姆渡遺址出土的石斧

一九二七年首次在北京西南約五十公里處的周口店龍骨山發現的北京人，
距今約五十萬年至二十萬年，為直立人。北京人的牙齒和顎骨縮小，腦容
量增加，其體質形態，如四肢骨的大小、形狀、比例和肌肉附著點等，與
現代人相近，身高約一百五十六釐米。北京人的門齒的舌面為鏟形，呈蒙
古人種特徵。在北京人的洞穴中還發現了十萬多件石器、石片及大量動物
化石，說明北京人已能用石器進行簡單的生產勞動。同時發現了許多用火
的痕跡。北京人被發現十年後，一九三七年日本發動全面侵華戰爭，由於
中國大片國土淪陷，北京人頭蓋骨在轉移途中不幸失蹤，至今下落不明。

　　在距今二十萬年至十萬年的「早期智人」階段，也就是「古人」階
段，中國已發現的代表性人類化石有位於南部廣東省曲江的馬壩人，位於
中南部湖北省長陽的長陽人，以及位於北部山西省襄汾的丁村人等。其中
在丁村人的遺址中發現了二千多件石器，具有代表性的是石球和厚三棱尖

狀器，製作技術已比北京人進步。

　　中國的西南、西北和華北等地，都發現了距今約十萬年至一萬年的「晚期智人」階段（或「新人階段」）的人類化石和活動遺跡，其中以上世紀三〇年代初期在北京周口店龍骨山發現的山頂洞人較有代表性。山頂洞人生活的時間距今約一萬八千年，在體質形態上已基本消除了猿的特徵，和現代的人基本相同。所製作的石器有的已相當精緻，並出現了裝飾品和縫補用的骨針，這說明當時已掌握鑽孔、磨製等技術，具有了愛美的觀念。發現的魚骨等多種動物化石，證明了在山頂洞人的經濟生活中已有漁獵和採集內容。

　　在經歷了一百多萬年的進化和發展之後，大約在距今八千至五千年之

▲ 黃河是中國的母親河及華夏文化的發源地。圖為黃河壺口瀑布。

間，人類的活動在中國境內大多數地區都出現了。此時的人類開始走出山洞，來到平原等低窪地區，從事鋤耕農業，並定居生活，由此中華文明便進入了原始時期。 水是生命之源，也是文明之源。當人類的經濟活動由漁獵和採集為主轉向以農耕為主時，水就更為重要了。如果說，底格里斯河和幼發拉底河產生了美索不達米亞文明，尼羅河孕育了古埃及文明，印度河造就了古印度文明，愛琴海哺養了古希臘文明，那麼，黃河、長江這兩條東亞大河流則滋養了中華文明。

黃河是中國的第二大河，橫貫中國北方，幹流流經九個省區，流域面積七十五萬平方公里，是中華文明的發源地，被稱為中國的母親河。在黃河流域，考古發現的文化遺址很多，遍佈黃河中上游和下游，如仰韶（河南省）文化、齊家（甘肅省）文化、大汶口（山東省）文化、龍山（山東省）文化等，每一類文化又有多處遺址發現。長江是中國第一大河，流域面積一百八十多萬平方公里，約占全國國土面積的五分之一，在長江中下游地區，也有多處文化遺址被發現，影響較大的有河姆渡（浙江省）文化、良渚（浙江省）文化、青蓮崗（江蘇省）文化等。在中國東北部的遼河流域，還發現了紅山文化。大量文化遺址的發現表明，在這一時期，中國人不僅自身條件和生產、生活不斷得到發展，而且活動的範圍更大了。

農耕經濟的發明和積累，是中華文明原始時期的標誌。出現原始農耕文明是上述各類文化遺址所表現的共性。當時在社會經濟形式中，農業已占有相當的比重，同時飼養家畜，並兼營漁獵和採集。距今五千至六千年的仰韶文化時種植的農作物主要是粟，在屬仰韶文化的半坡遺址的一個灰坑中，發現的粟多達上百公斤。在反映西元前四三〇〇至前二五〇〇年的大汶口文化的一個遺址中，發現了一立方米左右的粟粒。在河姆渡文化

▲ 中國農業博物館展出的河姆渡文化生活場景。

（西元前 5000-前 3300 年）的一個遺址中，發現大面積稻穀遺存。農業生產工具（主要是石器）也得到了長足的發展。

　　與農業文明緊密相關的是手工業有很大的發展，這也是原始文明產生所不可或缺的。上述遺址中發現的石器磨製得更加精緻，種類也很多，有石斧、石鏟、石刀等，並有專用收割穀物的石鐮等。為滿足人們的多種生活需要，陶器的種類也多起來。

　　類似文字的符號的出現，是人類文明產生的又一個重要標誌。在這一時期有的文化遺址出土的陶器上，出現了表示刻劃者一定意向的符號，這些符號與後來中國最早的文字甲骨文頗為相似，被認為是中國文字的萌芽。

　　社會經濟方式的變化必然導致社會組織結構的發展。農業文明的出現

▲ 河南鄭州黃河岸邊的炎黃二帝雕像

使人類的定居生活成為可能，而定居生活又促使了族外婚的出現，幾個血緣相近的民族組成胞族，再由幾個胞族組成部落，最後由幾個部落組成部落聯盟。中國歷史傳說中的炎帝、黃帝便是在這一時期形成的部落和部落聯盟的首領。他們通過建立軍隊並發動戰爭，設立必要的議事機構，以及組織部落管理部門等活動和方式，來擴大和發展部落、部落聯盟，從而形成中國國家的雛形。

第二章

綿延的大一統歷史

夏、商、周、秦、漢、魏、晉、隋、唐、遼、宋、夏、金、元、明、清，這些都是中國古代各個朝代的名稱，其間還有多朝代並存的情況。中國古代朝代之多和更替之頻，在世界各國歷史中是少見的。

中國古代的朝代更替始終圍繞王權或皇權展開，舊朝代的結束便是舊王權或皇權的結束，新朝代的建立便是新王權或皇權的建立。如此周而復始了近四千年，直到二十世紀初，中國才建立近代意義上的國家。王權或皇權高於一切和不可侵犯，由一姓家族統治百姓平民，是中國古代帝王政治一個基本特徵。

中國古代的朝代更替始終是以漢族為主並有少數民族參與進行的，其間有統一，也有分裂，但總的趨勢是統一，並且始終以中原文化為主導。朝代更迭並沒有使中國的歷史傳承中斷，相反中國各朝代十分明確地體現出相傳相襲的特點，保持了中華文明的完整性。在漫長的歷史發展中，中華文明不斷地得到繼承和弘揚，一脈相承，雖然也遭到外來入侵，但未被其他文明所取代。綿延不斷和大一統，是中國古代歷史和世界其他國家歷史的主要區別。

▎傳說中相傳相襲的歷史

「自從盤古開天地，三皇五帝到於今。」這是在中國經常聽到的一句話，反映了中國歷史從傳說到真實、從過去到今天的一貫性。

「盤古開天地」，是中國古代流傳下來的「創世說」，表達了古代中國人對天地起源的一種想像和認識。傳說很久以前，宇宙是一團混沌。一天，有一個叫盤古的人舉起大斧向黑暗劈去，隨之輕而清的東西上升變成了天，重而濁的東西下降變成了地。此後，天逐漸升高，地不斷加厚。為使天地不再合到一起，盤古以雙手托天，以雙腳踏地，在天地間支撐了一萬八千年，最終形成了天和地，而盤古也因耗盡了力氣倒地絕命。

《聖經》中有上帝創造人類之說。而在中國，傳說中的人類之母是女媧。盤古開天地後，大地荒涼，沒有生機，人首蛇身的天神女媧在清澈的水池邊，用黃泥做成一個泥娃娃，結果泥娃娃變成了活生生的人，於是她又造出許多男人、女人。為了使人類能夠生存繁衍，女媧還為男人和女人建立了婚姻關係，以生兒育女。

「三皇五帝」是傳說中的中國人的始祖，也是中華文明的創造者。通常認為「三皇」是指燧人、伏羲、神農，或者稱天皇、地皇、人皇；「五帝」通常指黃帝、顓頊、帝嚳、唐堯、虞舜。

中國上古時代的傳說，大致始于氏族部落時期。相傳在距今約一萬年以前，一個發源於今中國西部崑崙山脈的被稱為燧人氏的部落，來到祁連山一帶的河西走廊發展。他們發明了「鑽燧（燧木）取火」，使人類的食物由生變熟，減少了疾病，並增強了禦寒能力。燧人氏由此被尊為「天

皇」。

　燧人氏之後，距今約一萬年至七千年前，相傳是伏羲氏時代。伏羲創天文曆法，飼養牲畜，培育穀物，發明文字，是上古時期中國自然人文科學的集大成者，因此受到當時各氏族的擁戴，成為百王之首，被尊為「人皇」。傳說這一時代天上破了一個大洞，造成天下大亂，洪水、大火等災害使人們無法生存，為拯救人類，女媧燒煉了五色石，歷盡艱辛把天補好，使天下重新恢復了安寧。這便是中國古代流傳的「女媧補天」的故事。

◀ 女媧伏羲圖

傳說繼伏羲氏之後，在距今約七千到六千年前，出現炎帝部、黃帝部、蚩尤部等有影響的部落聯盟。炎帝部居於姜水流域（相當於今陝西省以東地區），以姜為姓。炎帝即神農氏，為中國遠古時代農業和醫藥的發明者，教民使用農具和耕種，並曾嚐百草，發現藥材，教人治病。神農氏是中國農耕文化的創始人，被尊為「農皇」，而農又以地為本，所以又被尊為「地皇」。黃帝部居於姬水流域（生活區域大致與炎帝部相當），以姬為姓，號軒轅氏、有熊氏。黃帝部也有許多有才能的人，有很多發明，相傳發明了養蠶、舟車、文字、音律、醫學、算術等。蚩尤部也稱九黎，居於長江與淮水之間。在各部落和部落聯盟中，炎帝、黃帝兩部落聯盟居於主導地位，其發明創造對後世影響重大，因此，「炎、黃」也就代表了中華民族的祖先，中國人便自稱為炎黃子孫。直至今日，每年春天，人們都要在位於今陝西省內的黃帝陵進行祭祖。

▲ 農曆九月初九的祭黃帝陵大典

▲ 廣州越秀公園裡的大禹治水雕塑

黃帝之後，在距今約四千年前，洪水頻發，水患嚴重，危及人類生存，中國民間流傳的「大禹治水」的故事便發生在這個時期。相傳當時大雨傾盆，洪水滔天，百姓受難，餓殍千里。居住在黃河中游的一個歷史悠久的部落首領鯀奉命治水，但因治水無力，被舜帝殺死。舜帝命鯀之子禹繼續治水。禹汲取了父親治水的教訓，把以堵為主改成以疏為主，不僅消除了洪水之災，還為發展農業生產創造了有利條件。每每為後人稱讚的是，禹在外治水十幾年，多次過家門而不入。中國古文獻記載的堯、舜、禹「禪讓時代」（平穩並順利地將權力轉讓給其他氏族部落首領），也出現在此時。堯為部落聯盟領袖，在他年老時，選擇舜為繼承人，並經部落首領會議同意，傳位給舜。後來舜又傳位給禹，禹實際已是帝王，國號夏。

古代國家共同體的形成

　　夏、商、周，在中國被稱為「三代」，是中國先民的命運共同體，也是中國的早期國家形態。

　　中國古代歷史上第一個具有國家性質和意義的政權是夏朝，出現在約西元前二〇七〇年至前一六〇〇年之間。夏是一個奴隸制國家，其建立標誌著中國歷史正式進入文明時代，並開創了王朝由一家一姓世襲的先例。夏源於夏族，本是居於黃河中游的一個古老部落。禹即位後，夏的勢力不斷發展。夏朝的中心地區在今河南西部和山西南部。夏時，被征服的氏族或部落的土地歸國有，其居民則變成奴隸。禹死後其子啟奪得王位，他廢除「禪讓」制，開始了王位「世襲」制。此舉對中國歷史影響重大且深

▲ 山西永濟堯王台，據稱是堯舜實行「禪讓制」的見證地。

遠。夏朝的最後一位君主桀荒淫殘暴，曾自比為太陽，說太陽不會熄滅他就不會滅亡。後來東方商族首領湯率兵伐桀，夏亡。

　　商朝（前1600-前1046）是中國歷史上第二個奴隸制國家。商族是居住在黃河下游的一個歷史悠久的部落，在夏建立國家時，商也建立了較強的部落聯盟。商湯滅夏後，建立商王朝，疆域比夏擴大了許多，其中心地區在今中國河南東北部、山東西南部和河北南部。商的國家機器比夏有了發展，有行政機構、軍隊、刑法和監獄等，實行野蠻的奴隸制。商王是最高統治者，獨攬大權。商時青銅冶煉技術有了相當進步，青銅器在人們生活中得到廣泛使用。以青銅為原料製作的鼎，本是煮食物用的器具，有圓

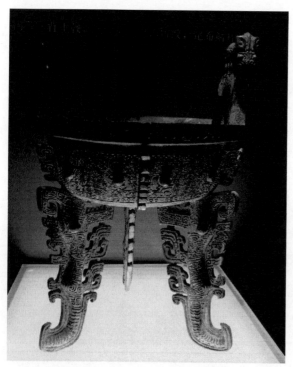

◀ 南京博物院展出的「獸面紋
　虎耳扁形虎足圓鼎」

形三足的，也有方形四足的。在中國傳統文化中，鼎是王位、帝業、權力的象徵，也喻示國泰民安、興旺發達。商曾多次遷都，到商王盤庚時遷至殷（今河南安陽附近），始定居下來。由此，在中國古代文獻上又常有「殷商」的提法。商朝後期因連年用兵導致國力衰弱，終被經多年準備發展壯大起來的周族趁機滅掉。

商時中國古代文明的重大進步是有了成熟的足夠數量的文字——甲骨文。甲骨文是現存的中國最古的一種成熟文字，其意義是無與倫比的，它標誌著中國歷史進入了有文字可考的時代，代表著人類一大文明體系的正式形成，至今仍是東亞漢字文化圈的共同財富。

周族與夏、商兩族同樣有著悠久歷史。周族滅商後，建立起了新的領主制國家——周。周又分西周（前 1046-前771）和東周（前 770-前 256）兩個時期。西周定都於鎬京（今陝西西安西南）。西周時，周王是最高統治者，既是中央機構的首領，又是諸侯的共主。西周實行「分土封侯」制。周王把國都附近的地區劃為王畿，由王室直接統轄，而王畿以外的廣大地區則分封給王親、功臣和部落首領等諸侯，各建邦國。起初，各諸侯國與周王室的關係較緊密。與分封制相關，西周時土地屬於

▲ 安陽殷墟出土的甲骨卜辭，是中國發現最早的文字。

國家所有，不得買賣，實行「井田制」（田地被阡陌、溝渠、道路分割為若干方塊，很像漢字「井」，在今天中國的平原地區仍可見到）。西周的農業、手工業、商業較之商朝都有了發展，其疆域西到今中國甘肅東部，東至海濱，南到淮水流域，北到河北北部和遼寧西南部。

西元前七七〇年，周王室因內部爭權導致分裂，遷都洛邑（今河南洛陽）。因洛邑在鎬京之東，史稱東遷之「周」為東周，原都於鎬京之「周」為西周。中國歷史上記載東周前半段時間史事的主要著作是《春秋》，後人也稱這段歷史為「春秋時期」（前 770-前 476）；又因東周後半段時期七個主要諸侯國之間不斷地進行戰爭，後人又稱這段歷史為「戰國時期」（前475-前 221）。東周時，諸侯與王室關係開始疏遠，周王室權力日漸式微，諸侯割據爭霸，演繹了「春秋五霸」「戰國七雄」的歷史故事。春秋和戰國時期是中國歷史上的一個亂世，但也是思想文化極為活躍的時期，

▲ 西周時的大盂鼎

▲ 西周的玉琮

出現了孔子、老子、墨子、孟子、荀子、莊子、孫子、屈原等一大批思想家、政治家、文學家、軍事家，史稱「諸子百家」。對日後中國影響重大的儒家、道家、法家等思想學派，均產生並形成於這一時期。

結束分裂局面，統一中國的是諸侯國中的秦國。

中華帝國的初次統一與分裂

　　西元前二二一年至西元二二〇年的秦、漢時期，是中國古代國家的第一次統一期，也是第一次繁榮期，對後世影響深遠。漢（前206-西元220）以後，中國的中央集權國家由統一走向分裂，並在長達近四百年的時間裡出現了多朝代並存的局面。

　　秦（前221-前206）是中國歷史上第一個君主專制朝代，確立了皇帝制度和帝國體制。秦王嬴政即位時年僅十三歲，他推行富國強兵政策，採取阻止諸侯國聯合和各個擊破的戰略，在其即位的第二十六年（前221年）統一了中國，在位於中西部的咸陽（今陝西咸陽）建都，並在全國範

▲ 秦始皇浮雕像和位於陝西臨潼的秦始皇陵

圍內建立了中央集權的專制國家。自秦以後的中國古代社會裡，各種勢力都把做皇帝、另立朝代作為目標。

秦朝建立了比較完備的中央政權組織；廢除了「封諸侯」制度，實行郡縣制度，最終把全國分成四十一個郡，由郡守掌管政事，郡下設縣；統一了貨幣、度量衡、車軌和文字。秦朝統治全國的時間只有短短的十五年，但對中國歷史的影響卻是深遠的，最重要的是奠定了中國政治、經濟和文化的「大一統」基礎。秦實行暴政，這也決定了其只能是一個短命政權，傳至第二個皇帝秦二世時便因農民起義發生天下大亂，最後被漢取代。

秦王嬴政堪稱千古一帝，對中國歷史的發展作出了巨大貢獻。他結束了國家長期的分裂割據局面，建立了中國歷史上第一個統一的多民族國

▲ 陝西西安秦始皇兵馬俑博物館

家。但同時他又是一位狂妄自大、專制暴虐的君主。他認為自己德高「三皇」，功過「五帝」，所以將「皇」與「帝」一併加在自己的頭上，稱作「皇帝」。他自稱「始皇帝」，期望子孫繼位，傳至千萬世。在他對全國的十二年的統治中，推行嚴刑苛法，租役繁重，大興土木，常年用兵，人民不堪重負，苦難深重。他將不利於秦統治的書籍燒燬，將發表不利於秦統治言論的讀書人活埋，這便是中國歷史上有名的「焚書坑儒」事件。他通過苛暴的徭役徵發組織了多項規模巨大的工程，這其中包括徵招幾十萬人參加修建的萬里長城和為自己修建的工程浩大的陵墓（即秦始皇陵，著名的秦兵馬俑是其一部分）。

漢是繼秦之後中國歷史上建立的第二個由一姓家族（劉姓）執掌的君主政權。因為漢王室在西元二十五年重新建立政權並遷都，中國歷史上又把漢分為西漢（西元前 206-西元 25）、東漢（25-220）兩個時期。西漢王朝的建立者是漢高祖劉邦。劉邦出身於平民階層，曾在秦朝基層政權任職。他雄才大略，知人善任，不拘一格選拔人才，開創了中國歷史上一個新的局面：皇帝和他身邊的文臣武將大多出身低微，改變了上古以來的世卿世祿制度，為後世效法。

西漢定都於長安（今陝西西安）。西漢基本上繼承了秦王朝的各項制度，加強中央集權，並總結秦亡教訓，推行「與民休息」政策。漢初讓大批士兵退伍回家，減免他們的徭役，並採取壓抑商賈的政策，鼓勵發展農業，使社會穩定，經濟發展，出現了中國歷史上第一個盛世。西漢後期社會矛盾加劇，農民反抗運動不斷，並且政權內部出現了外姓篡奪皇權的行為，由此引發戰爭。最終漢室成員劉秀重新奪回劉姓政權，建立了東漢王朝，定都於洛陽（今河南洛陽）。東漢在外交上有很大的發展，西元五十

▲ 歷代帝王圖中的東漢光武帝劉秀

七年日本派使臣到中國，中日交往從此開始，還有名將班超出使西域（漢時指現在甘肅玉門關以西的新疆和中亞細亞等地區）。

東漢末年，發生了中國歷史上有名的黃巾大起義（起義者頭戴黃色圍巾），各方勢力趁機而起，軍閥割據混戰，天下分崩離析，東漢王朝名存實亡。經過長期較量，形成了魏、蜀、吳三國（220-280）鼎立的局面。三國中魏政權的奠基人是中國歷史上有名的政治人物曹操，他重新統一了中國北方，其子曹丕於二二〇年廢掉東漢最後一個皇帝（漢獻帝），自立為帝，改國號為魏，定都洛陽（今河南洛陽）。以恢復漢家天下為號召的劉備，於二二一年在地處西南的成都（今四川成都）稱帝，國號漢，史稱蜀或蜀漢。中國歷史上著名軍事家諸葛亮即為蜀國丞相。二二九年，位於

▲ 浮雕曹操像

中國東南部的另一力量代表孫權稱帝，國號吳，定都建業（今江蘇南京）。

三國之後，中國歷史上有西晉（280-316）、東晉（317-420）兩個王朝，都是一姓家族（司馬氏）的王朝，統稱晉。西晉定都北方洛陽（今河南洛陽），東晉定都江南建康（今江蘇南京）。晉政權產生於魏政權，司馬氏家族多年為魏政權重臣，最終通過朝廷內部鬥爭奪取天下。西晉軍事力量強大，於西元二八〇年滅掉吳國，結束了東漢後長達九十年的分裂割據局面，短暫統一中國。但至東晉時，中國重新陷入分裂之中，長達近三百年。

中華帝國的再次統一與分裂

西元五八一年至九〇七年的隋唐時期，是古代中國歷史上第二次統一期，出現了新的盛世，中華帝國空前強大。

結束幾百年分裂局面、重新統一中國並建立中央集權國家的是隋（581-618）。隋朝的開國皇帝楊堅，曾是北朝最後一個政權北周的重臣，通過控制北周政權當上皇帝。楊堅於西元五八一年改國號為隋，定都長安（今陝西西安）。隋鞏固了北方之後，又出兵滅掉了南方政權陳，結束了南朝、北朝對峙的局面。與秦相似，隋朝存在的時間很短，不到三十年，但它結束了中國長期分裂的局面，為日後唐朝的發展奠定了重要基礎，正

▲ 古老的運河與兩岸的現代建築

如同沒有秦便沒有漢，沒有隋也便沒有唐。隋有許多創舉，如創立對日後影響深遠的科舉制度，開闢了士人參與政權的新途徑。又如開鑿大運河，為中國南北的經濟、文化交流和鞏固國家統一起到了巨大作用。這條大運河至今仍是中國南北交通的重要運輸線。隋朝的第二個皇帝隋煬帝驕奢淫逸，好大喜功，大興土木。他曾徵發民夫一百多萬人修築長城，結果十天中死者十之五六。隋煬帝的暴政致使國力衰竭，民怨沸騰，反抗不斷，最終失去天下。

取代隋的是唐。唐朝是中國歷史上最強盛的統一的中央集權王朝，也是統治時間最長的王朝之一，歷時二百八十九年（618-907）。唐朝的歷史也可分為前後兩個時期，前期國力強盛，文化繁榮；後期社會動盪，民生凋敝。唐的開國皇帝李淵曾是隋朝的重臣，在隋末反抗運動中趁機奪取權力，自立為帝，改國號唐，定都長安（今陝西西安），並統一了全國。

唐太宗李世民是中國歷史最有名的皇帝之一。他幫助父親李淵僅用四年多一點時間就統一了全國。他通過發動兵變，殺死哥哥，並逼其父退位，從而即皇帝位。他總結隋滅亡的經驗，聽取來自各方面的意見和建議，重用有能力的人，減輕百姓的賦稅負擔，發展生產，並且比較成功地處理了漢族與少數民族的關係，使國家出現太平景象，這就是史稱的「貞觀之治」。唐太宗既有識人之能，又有用人之量，即使反對過他的人，也能得到他的重用。他深諳帝王統治之道，曾把天下百姓比作水，把統治集團比作舟，認為水可載舟，也可覆舟。這種太平景象發展到他的後繼者唐玄宗時達到了高峰，史稱「開元之治」。

唐時中國古代的思想文化藝術成就達到一個新的高度，佛教、道教、伊斯蘭教並存，出現了李白、杜甫、白居易等偉大的文學家，天文、曆

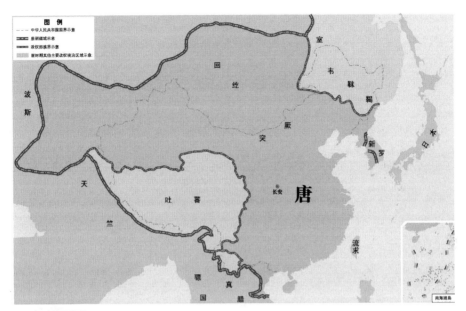

▲ 唐時疆域圖

法、醫學、建築等也有了新發展。唐時，恢復了中西商路，四十多個國家的使節來到長安，與唐朝通好。唐成為當時世界上最強大的國家。

　　七五五年，唐朝的兩位將領安祿山和史思明發動叛亂，歷經數年，叛亂雖被平定，但唐朝中央權力從此日益削弱，新的地方割據局面出現，朝廷內部爭奪權力的鬥爭不斷加劇，唐王室逐漸失去對全國的控制。唐末，爆發了波及大半個中國的農民大起義，地方勢力藉機而起，九〇七年，唐被梁取代。

　　唐朝滅亡以後，中國又一次進入了分裂期。這時期，在北方中原地區相繼出現了梁、唐、晉、漢、周五個朝代。為了與歷史上先存的同名稱朝代相區別，這五個朝代在中國歷史上又被稱為後樑、後唐、後晉、後漢、後周，其存在時間自西元九〇七年到九六〇年，一共只有五十三年。與此

▲ 唐代繪畫《牧馬圖》

同時，在南方和其他地區也相繼建立了一些小的王國，共計有十個，中國史書上又稱之為「十國」，其存在時間自西元八九一年到九七九年，共八十八年。中國史學家通常把上述這些朝代統稱為「五代十國」。唐以後，中國的政治中心開始由中西部向東中部轉移。

宋朝（960-1279）是上承五代十國的政權。根據首都及疆域的變遷，宋又分為北宋（960-1127）和南宋（1127-1279）兩個時期。宋的開國皇帝宋太祖趙匡胤於西元九六〇年通過兵變奪取皇權，改國號宋，定都汴京（今河南開封），史稱北宋。北宋初期，基本上統一了中國的南方，並對全國大部分地區實施著有效統治。

宋太祖趙匡胤原本是後周高級將領，通過被其部下黃袍加身並發動兵

變奪取政權。當上皇帝后，為了避免自己的故事重演，他決定削弱將領們的權力。經過精心設計，一次，他設宴款待追隨他多年並立下功勞的將領們。席間，他嘆息道：「多虧各位扶持，我才有今天，你們的功德，我永遠都忘不了。可是你們哪裡知道，做天子還不如做節度使快樂。」眾將不解其意，驚問何故，他答道：「這有什麼不明白的，有誰不想當皇帝？」眾將忙說：「陛下何出此言？如今還有誰會有二心呢？」他平靜地說：「未必吧？就算你們沒有二心，難保你們的部下沒有貪圖富貴之人。一旦他們把黃袍加到你們的身上，只怕也不由得你們了。」眾將嚇得連忙回答說：「臣等愚昧，懇請陛下給我們指點一條出路。」他說，「各位不如解去兵權，多買良田宅院，盡情享受一番。我們君臣無猜，相安無事，豈不很

▲ 北宋畫家張擇端的《清明上河圖》，描繪了當時京城汴京的市井生活。

好？」第二天，眾將紛紛上書稱病辭官，宋太祖當即同意，並賞賜給他們大量錢財。這便是有名的「杯酒釋兵權」故事。

西元一一二七年，北宋政權被北方的金所滅，宋王室在南方的臨安（今浙江杭州）重新建立政權，史稱南宋。

宋朝是中國歷史上經濟與文化、藝術、教育最繁榮的時代之一，科技發展、政治開明，甚至有西方學者認為宋朝可以稱是中國歷史上的文藝復興與經濟革命時期。宋朝時與中國通商的國家有五十多個。

▍中華帝國的第三次統一

　　取代宋朝的是元朝（1206-1368），中國由此進入第三次統一期。經元、明、清三朝，統一的中華帝國再創輝煌，直到十八世紀末、十九世紀初開始走向衰落。

　　元朝是中國歷史上第一個由少數民族在全國範圍內建立的中央政權。西元十一世紀前後，蒙古部落在中國北部蒙古草原上迅速崛起。一二〇四年，生於蒙古貴族世家的鐵木真統一了蒙古草原。一二〇六年，他被推為全蒙古的大汗，尊稱為成吉思汗，並建立了蒙古汗國。蒙古汗國憑藉其強大的軍事實力，多次向西方的中亞和歐洲進軍，並消滅了西夏、金、大理（北方和西南地區的少數民族政權）等政權，降服了吐蕃（中國古代藏族

▲ 元大都土城遺址公園

政權），領土不斷擴大。一二七一年，成吉思汗的孫子忽必烈改國號為「大元」，並於第二年宣佈建都大都（今北京），尊成吉思汗為元太祖。忽必烈即元世祖。北京自此成為元、明、清三代的都城，中國的政治中心也由南向北轉移。一二七九年，南宋被元滅亡。多個政權長期並立的局面結束，中國又實現了新的統一。

取代元朝並當上新朝代開國皇帝的是朱元璋，即明太祖。西元一三六七年，他在元末各種力量較量中取得政權，正式即皇帝位，第二年，建國

▲ 明孝陵博物館的朱元璋等人塑像。從左至右依次為：湯和、劉伯溫、朱元璋、馬皇后、徐達。

號大明（1368-1644），明朝最初定都在應天府（今江蘇南京），並改大都為北平。

朱元璋出身貧寒，兒時曾行乞，少時做過僧人，因英勇善戰、足智多謀，並廣結各方能人志士，在元末農民戰爭中脫穎而出。經過苦心經營，他建立了一支強大的隊伍，並最終依靠這支力量戰勝各方異己勢力，奪取天下。他通過制定新法，整頓綱紀，改革行政機構，進一步加強封建中央集權。為了加強對臣民的監督控制，他還設立特務組織，如巡檢司和錦衣衛，監視官員的活動。朱元璋是中國歷史上最殘暴的君主之一。為防止他人覬覦天下，他大肆誅殺功臣，其中最多時一次共殺三萬多人。據史書記載，他長相醜陋，一些畫師因沒有將其畫為美男子，結果被殺死。

西元一四二一年，明成祖朱棣將都城從南京遷到北京，以有利於鞏固北部邊防，進一步控制東北地區。明時，北方的長城繼續得到修建和鞏固，成為防禦外族入侵的一道重要屏障。自元代以來，北京城的建設繼續發展，故宮即建於這一時期。帝王們也沒忘記自己死後寢宮的建設，位於北京北部的明十三陵也開始建於這一時期。

對世界航海事業產生重要影響的鄭和下西洋，即發生在明成祖時期。為加強與海外諸國的友好聯繫，明成祖派信奉伊斯蘭教的官員鄭和（1371-1433）出使西洋，從一四○五年到一四三三年，鄭和先後七次航海，訪問過亞非三十多個國家和地區，最遠到達紅海沿岸和非洲。鄭和下西洋的壯舉比歐洲航海家的遠洋航行早了半個世紀。

明朝也是中國歷史上經濟和文化比較發達的階段。當時正是西方文藝復興、地理大發現和宗教改革時期，西方文化和科學隨著一些傳教士來到中國，東西文化有了初始交流。

▲ 南京寶船廠遺址公園內的鄭和銅像

　　明後期，生活在中國東北的滿族迅速發展壯大，並於一六一六年建立政權，稱後金。一六三六年，這個少數民族地方政權的首領皇太極自稱皇帝，改國號清，改族名為滿洲，這便是把清政權稱為「滿清」的由來。一六四四年，清軍入關（山海關以內），並很快穩固了對全國的統治。清是中國歷史上最後一個封建朝代（1616-1911），統治全國長達二六七年。清朝中前期，中國統一的多民族國家得到鞏固和發展，康熙、雍正、乾隆等

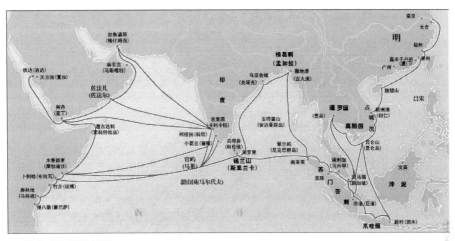

▲ 鄭和下西洋路線圖

是中國歷史上很有作為的皇帝，他們平定地方叛亂，統一臺灣，統一新疆和外蒙古，設置駐藏大臣，反對外族侵略，基本上奠定了今天中國的疆域規模。

康熙登基執政的時間與法國國王路易十四臨朝親政的時間相當，而且他們有許多相似之處：皆幼年稱帝、天資聰穎，都有著雄才偉略，都在半個多世紀時間裡牢牢控制著中央政權，進行專制統治，並且把自己的國家帶入歷史上一次新的鼎盛時期。康熙八歲登極，在位六十一年，是中國歷史上有文字記載以來在位時間最長的君主，也是中國歷史上少有的嗜書好學的帝王。他是中國帝王中最早接觸西方近代科學知識並對西方科技感興趣的人。

乾隆是康熙的孫子，二十五歲當上皇帝，在位六十年，當太上皇四年，享年八十九歲。他是中國歷史上最長壽的皇帝，也是中國歷史上實際執政時間（63 年）最長的皇帝。乾隆是一位文化型皇帝，他主持編修了

▲ 清代宮廷畫家意大利人郎世寧繪《乾隆大閱圖》（局部）

中國文獻巨著《四庫全書》。此項工程動用了四一八六人，長達二十年，對保存中國文化是一大貢獻。北京現存的許多清代皇家宮殿園林，都與乾隆時期的維護、興建有關，如頤和園、圓明園和天壇祈年殿等，如今多成為世界文化遺產。乾隆本人多才多藝，勤奮好學，擅書畫，兼長詩文，他每天閒暇時間必做三件事：作書、作畫、作詩。他一生留下四二六〇〇多首詩，可謂前無古人，後無來者。

▲ 康熙皇帝讀書坐像

清朝中後期，正是中國農業文明走向盡頭而西方國家開始資本原始積累並瘋狂進行海外殖民擴張的時期。中國與西方發生了長達一個多世紀的碰撞和衝突。最終古老的農業帝國無力與船堅炮利的資本帝國對抗，君主專制制度也在人民的選擇中退出歷史舞台。

▲ 國家圖書館新館展出的《四庫全書》（部分）

▎多民族共同締造的國家

多元一體，多民族的大一統，是中國國家的一個顯著特徵。

中國的疆域和版圖，是中國各民族共同開發的。華夏族最早開發了黃河流域的陝西、甘肅等地和中原地區；東夷最先開發了沿海地區；苗、瑤族最先開發了長江、珠江和閩江流域；藏、羌族最先開發了青海、西藏；

▲ 山西省臨汾市與陝西省延安市之間的黃河乾坤灣

彝、白等民族最先開發了西南地區；滿、錫伯、鄂溫克和鄂倫春等民族的祖先最先開發了東北地區；匈奴、突厥、蒙古等民族先後開發了蒙古草原；黎族最先開發了海南島；高山族最先開發了臺灣。

歷史上，占中國人口多數的漢族，主要生活聚居在黃河、長江中下游流域的中原地區。這裡氣候溫和，土地平坦且肥沃，宜於農耕。而中國的少數民族大多分佈於周邊地區，這些地區的自然地理條件較之中原地區要複雜得多，多草原、沙漠、森林、高原、高山、丘陵、湖泊等，宜於牧業、狩獵、漁業。各個地區相比，中原物產最為豐富，經濟文化最為發達，而各邊疆地區的經濟形態則比較單一。生產和生活的需要，使得各邊疆少數民族都有與其他地區，特別是中原地區進行經濟交流的迫切願望。這種經濟上的聯繫，形成了一種自然的凝聚力，驅使周邊少數民族不斷向中原發展。活躍在北方蒙古草原的許多民族，為打破游牧經濟比較單一的限制，尋求生存發展，紛紛南遷來到中原地區，學會農耕，並過上定居生活。在南下過程中，有的北方游牧民族還曾建立過顯赫的王朝，如鮮卑人建立的北魏，以及蒙古人建立的元朝等。南下和建立王朝的過程，也就是融入中原和漢化的過程。

中國的統一始終以中原地區為中心，以漢族為主體不斷擴大和鞏固，而漢族又在融合各民族的過程中得到發展。早在距今四五千年以前，生活在中原黃河流域的夏、商和周族（漢族的祖先），吸收了生活在北方和東方的夷、羌、狄、苗和蠻等族的成分，演化成了華夏族，並建立了國家政權。秦、漢時期，華夏族吸收了更多其他民族的成分，形成了漢族。隋、唐前後，隨著北方一些民族入主中原建立政權，各民族融合進一步發展，鮮卑、羯、氐、羌和匈奴等民族相繼融入漢族。少數民族在語言、服飾、

▲ 唐代著名畫家閻立本所畫的《步輦圖》，以西元六四一年吐蕃首領松贊干布與文成公主聯姻為背景，表現了唐太宗接見前來迎娶文成公主的吐蕃使臣祿東讚的情景。

風俗習慣和民族心理等方面吸收漢族文化，漢族也吸收了胡服、胡食、胡樂、胡舞等少數民族文化。在中國歷史上有重要影響的北魏孝文帝改革，孝文帝通過發佈命令，要求鮮卑族學漢語，穿漢服，改漢姓，鼓勵與漢族通婚。清朝建立後，滿族人大量進入中原地區，在其後不到三百年的時間裡，基本被漢化。

在中國古代完備的中央集權制度下，各朝代都建立了一套如何處理中央政權與地方少數民族政權關係的辦法和措施，保證了多民族國家的團結統一。其中冊封與羈縻州府制度，是古代中國中央政府處理與邊疆少數民族政權關係的一種基本政治制度。這一制度具有民族自治或半自治色彩，通過懷柔、撫綏的辦法，採取通使、和親、冊封、互市等政治經濟手段，

中國歷史紀年表	
夏	前 2070-前 1600
商	前 1600-前 1046
西周	前 1046-前 771
東周	前 770-前 256
秦	前 221-前 206
西漢	前 206-西元 25
東漢	25-220
三國（魏、蜀、吳）	220-280
西晉	265-317
東晉	317-420
南北朝	420-589
隋	581-618
唐	618-907
五代	907-960
北宋	960-1127
南宋	1127-1279
元	1206-1368
明	1368-1644
清	1616-1911
中華民國	1912-1949
中華人民共和國	1949 年 10 月 1 日成立

區別對待，不激化矛盾，適應各少數民族地區經濟與文化狀況，達到維繫多民族國家統一的目的。兩千多年間，不管王朝如何更迭，不管哪個民族掌握中央政權，都實行這種政治制度。這一制度既有助於打破民族間的隔閡和地區間的分裂割據狀態，又有助於每個民族內部和不同民族之間的政治凝聚力的形成。

第三章

傳統的思想文化與社會

中國的傳統思想文化，是指中國建立近代國家前自身的整體價值觀念和文化形態。中國傳統思想文化自成體系，基本上是一種固有的思想文化，有著獨特的精神。在漫長的歷史發展中，雖然域外文化也滲透至中國，但未曾撼動中國固有的思想文化，相反，一些外來思想文化卻因受中國傳統思想文化的影響而發生變化。中國的傳統思想文化，決定著中華民族的精神和性格，影響著中國社會的發展。

▎儒家思想及其正統地位

　　中國古代的思想流派，通常被稱為「諸子百家」，如孔子、孟子、老子、莊子，以及儒家、道家、法家、墨家等，而諸子百家又多產生於秦朝之前，所以又被稱為「先秦諸子百家」。

　　中國傳統思想文化常常被概括成儒、釋、道三家，其中儒家處於主體地位。中國古代歷朝歷代治國理念、國家政治制度構建、社會道德規範，以及人們安身立命的標準，基本都以儒家思想文化為依據。儒家思想文化對中國社會影響深遠，對東亞的朝鮮半島和日本等國也產生了重要影響。

　　中國古代的「儒」字最初指舉行儀式的主持者，後來演變成對具有知識的人的通稱。古代的儒者，大體相當於今天的老師。

　　儒家是孔子（約西元前 551-西元前 479）開創的一個學派。孔子是魯國人（今山東曲阜一帶），春秋末期思想家、政治家、教育家。孔子整理

▲ 孔子像

並編寫了中國上古時期重要文獻——「六經」，即《詩》《書》《禮》《樂》《易》《春秋》。孔子思想的精華主要體現在其弟子編寫的他的言論集《論語》中。「仁」與「禮」是孔子思想的核心內容。在孔子的思想體系中，「仁」表現了多方面的倫理道德價值，其核心是「愛人」，所謂「己欲立而立人，己欲達而達人」，「己所不欲，勿施於

人」。孔子時期，中國社會正發生重大變革，周王室地位式微，諸侯國力量強大。孔子認為這是一個禮崩樂壞的時代，必須改變。為此，他特別強調要「克己復禮」，也就是要從每個人自己做起，遵守所屬等級的禮儀規範，自覺地恢復禮。孔子認為，禮是規範人們行為的制度，能夠調整人與人之間的關係，做到和諧有序，也就是「禮之用，和為貴」。

孔子是中國歷史上第一個私人辦學的教育家，被後人尊稱為「孔夫子」「至聖先師」。相傳他有弟子三千，其中的七十二位較為優秀。孔子的許多思想，是在回答弟子的問題時提出的。孔子留下了許多寶貴的教育思想，對後世影響深遠。在今天的中國，人們還在不斷使用孔子留下的許多勸學名言，如「學而不思則罔，思而不學則殆」、「三人行必有我師」、「學而時習之，不亦說乎？」等等。

稍晚於孔子並對儒家學說有重大貢獻的是孟子。孟子（約西元前 385-西元前 304）是戰國時期思想家、政治家、教育家，其著作《孟子》是儒家重要經典。孟子一生推崇孔子，不遺餘力地傳播孔子思想，被後世尊稱為「亞聖」，儒家學說因此而被稱為「孔孟之道」。孟子發展了孔子思想，提出「仁政」理論。他認為統治者只有施行仁政，才能得到人民的擁護。「仁政」就是行「王道」，做到「以德服人」。他將天時、地利與人和相比較，得出的結論是，人和是統治者成敗的決定因素，為此，他堅決反對暴政，反對以力服

▲ 孟子像

人。在人性問題上，孟子主張性善論，認為人性原本是善的，人生來都有最基本的共同的天賦本性。孟子的性善論對中國傳統社會影響很大，中國古代著名啟蒙課本《三字經》第一句話便是「人之初，性本善」。

　　幾乎與孟子同時而對儒家學說作出了重大貢獻的另一位思想家是荀子（約西元前 318-西元前 238），其思想集中在《荀子》一書中。荀子發展了孔子「禮」的思想。他認為，「人無禮則不生，事無禮則不成，國家無禮則不寧」，「禮」作為等級制度和社會規範，對於人生、社會和國家是不可缺的。荀子還提出了著名的「舟水之喻」。他說：「君者，舟也；庶人者，水也。水則載舟，水則覆舟。」在人性問題上，荀子反對孟子的性

▲ 《荀子》書影

▲ 宋代理學的集大成者──朱熹雕畫像

善論，主張性惡論。

　　儒家思想在秦朝以前已經形成，但沒有得到統治者的支持。漢武帝（西元前 140-西元前 87）在位時，實行「罷黜百家，獨尊儒術」的思想文化政策，儒家思想從此成為正統思想。宋朝和明朝時期，儒家思想得到進一步發展，出現了「理學」（強調天理）和「心學」（強調良心）。理學與心學是在新的時代背景下對先秦儒學的回覆和創新，因而又被稱為新儒學。這一思想把孔子、孟子提出的道德規範進一步和天道聯繫起來，對人的本質、人在宇宙中的地位、人與宇宙的關係進行了全面論證，並強調人對精神生活的追求和心靈境界的提升，從而豐富了儒家思想的倫理內涵。

道家思想與道教

　　在中國傳統思想文化中，道家思想的地位和影響僅次於儒家思想。「道家」思想在先秦便出現了，但「道家」這一名稱的出現則是在西漢初年，當時被稱為「道德」學派，也稱「道德家」，後簡稱「道家」。道家

▲ 北京房山聖蓮山「天下第一老子像」

之所以得名，就在於它以「道」為其思想核心。在中國哲學史上，道家通過「道」的概念第一次探討了萬物的本原問題。

　　道家思想的奠定者是與孔子同時代的老子（約西元前 600-西元前 500）。他寫了《老子》（《道德經》）一書，闡發自己的哲學思想。「道」是老子思想中最重要的概念。他認為，「道」是天地萬物的本質，天地萬物都從「道」中產生。在老子看來，「道」是一個混成之物，它自身包括「無」和「有」兩個方面，是「無」與「有」的統一體，這兩者可以相互轉化。老子把「無為」看作是「道」的性質，「無為」就是順應萬物本來的情形。老子還提出了著名的「道法自然」命題，認為「道」是順從天地萬物的「自然」。老子認為，「無為」與「自然」是密切關聯的，用於國家政治生活，統治者「無為」，則百姓「自然」。

　　「黃老學派」是戰國時期道家的主要流派。「黃」指傳說中的中華民族祖先黃帝；「老」就是老子。所謂「黃老學派」就是以黃帝為依託、主要闡發老子思想的一個學派。黃老學派留下的主要文獻有《黃帝內經》和《管子》，主要討論社會政治問題，也涉及治身方面。黃老學派稱「道」為「太虛」，並且以「氣」來解釋虛無的「道」，認為萬物都依靠「精氣」而產生，「精氣」是人的生命與智慧的來源。黃老學派非常重視「因循」的觀念，強調「道」是因循萬物之自然，從政治上講，就是君主要因循臣民之自然，在治國時要保持內心的虛靜，發揮臣民的作用。這一學派的思想在西漢初年被統治者採納和接受，成為「無為而治」、休養生息政策的思想來源。

　　莊子（約西元前 369-西元前 286）是先秦時期道家最有影響的思想家，如同孟子繼承和發展了孔子思想，莊子則繼承和發展了老子思想。後

人常常把莊子與老子並列，合稱為老莊。莊子的思想主要表現在《莊子》一書中。莊子思想的中心是追求人精神的自由。他認為人類生存最大的困境是喪失精神的自由，人創造了財富和文明，反過來又為財富和文明所控制，成為物的奴隸。在莊子看來，人要想擺脫這種困境，最根本的道路是要做到「無己」，也就是超越自我；達到「游心於道」的境界，即至美至樂的「天人合一」境界。

道家思想在魏晉時期得到復興，形成了魏晉玄學。魏晉玄學以《老子》《莊子》和《周易》等著作為主要經典，通過對這些經典的重新解釋，圍繞「本末有無」等問題建立起「新道家」思想體系。老子哲學是探討宇

▲ 《莊子》書影

▲ 江西鷹潭龍虎山，道教正一派的祖庭所在。

宙深遠、深奧的學問，而「玄」字的含義正是表示深遠、深奧，可以用來
形容宇宙本原的「道」，所以當時的人們就把發揮老子道家的學說稱為
「玄學」。魏晉玄學所討論的問題很多，從根本上說，是要解決道家的宇
宙論哲學與儒家的名教之治（名分等級之教，即禮教）的關係問題，也就
是儒道兩大學說的關係問題。

在道家思想影響之下，西元三世紀時產生了中國本土的宗教──道
教。道教以《老子》作為表達教義的基本經典，視老子為教主。道教以追
求長生不死的信仰為核心，綜合了不同地方的信仰和養生方術，利用道家
思想，特別是「氣」的學說（用氣說明世間一切有生命活動的存在），同
時吸收了佛教和儒家思想的一些成分，形成一個有著豐富內容的龐大宗教

思想體系。現知最早的道教組織是東漢末年的太平道和五斗米道，與官方對立，後經改造，逐漸放棄了與官方對立的立場，成為官方宗教。特別是隨著佛教的傳入，統治者為增強本土文化的吸引力，道教在東晉以後的一千多年時間得到官方支持，傳播和發展較快，到宋代時在中國南北形成了許多不同流派，其中以正一、全真兩大宗派最有影響。明朝中期以後，官方不再實行崇道政策，道教地位開始下降。

道家思想對中國美學、文學、藝術的發展產生了重大影響，如意象理論、意境理論等。道家關於「虛實結合」的理論成為中國古典美學的一條重要原則，對中國古代詩詞、繪畫產生重要影響。

佛教的傳入及其中國化

佛教最初產生於西元前六世紀印度的恆河流域，西漢末年經中亞傳入中國。佛教進入中國後，逐步滲透到中國社會生活之中，與中國文化相結合，其內容得到進一步豐富，成為中國文化的重要組成部分。

關於佛教傳入中國，歷史上有這樣記載：東漢明帝（58-76 年在位）時，有一天晚上明帝做了一個夢，夢見在西方有一個金色的人。第二天早晨起來，他問大臣們這個夢是怎麼回事，其中一個大臣告訴他，聽說西方有佛，您一定是夢見佛了。明帝立刻派使臣到西方去迎請佛，後來使臣果然帶來兩個中亞僧人和一批佛教典籍。明帝在首都洛陽專門為兩位僧人建了寺廟。

中國佛教的發展有一個十分突出的特點，就是非常重視佛教經典的翻譯工作。最初佛教經典的翻譯工作主要由中亞、南亞國家來華的僧人完成，但翻譯水平並不能使人滿意，於是出現了中國僧人去中亞、南亞國家取經的現象，他們當中最傑出的代表，就是唐朝的玄奘（602-664）。玄奘十三歲出家為僧，在多年的研究和講經過程中，他深感因各家說法不一而難以貫通佛家經典，於是下定決心要去印度求法。在經歷千辛萬苦到達印度後，玄奘潛心研究各種佛教經典，其學識受到佛教界的尊重和推崇。玄奘學成回國後，拒絕了唐太宗要他還俗從政的請求，集中精力翻譯從印度帶回的大量佛教經典，對佛學的發展作出重大貢獻。

中國人接受印度佛教思想經歷了一個認識上逐漸深入的過程，但基本態度不是全盤拿來，而是為我所用。中國人接受的佛教思想，以大乘佛教

（西元一世紀形成於印度，倡導慈悲一切眾生，力主以功德回向他人）為主。佛教在中國的傳播和發展過程中，與中國社會的關係以調和、融合為主，努力與中國社會相適應，實現佛教中國化。在這一過程中，出現了許多中國佛教宗派。特別是在西元六至十世紀的隋唐時期，由於社會經濟的繁榮，佛教在中國也得到了空前發展，逐步形成了三論、天台、法相、華嚴、律、禪、淨土等幾個大的佛教宗派。

佛教雖然最初是一種外來文化，但經本土化後，對中國文化的發展產生了十分廣泛的影響。佛教對中國音韻、語言、文字學的發展都產生了重要影響。漢語拼音的使用最早就是受拼音文字梵文的啟發，許多佛教名詞直接變成了漢語詞彙，如「自由」「平等」「世界」「眾生」「境界」等，豐富了漢語言詞彙。「天下名山僧占多」，佛教還在中國創造了廟宇文化。

▲ 新年伊始，山東青島市民在湛山寺燒香拜佛許願。

時至今日，每到相關節日，各地廟宇人頭攢動，成為一種特殊的大眾文化現象。佛教關於空、境、靈等思想，特別是禪宗理論，對中國的文學、藝術、建築等都產生了重要影響。佛教還對儒家、道家思想的發展起到促進作用。佛教中的慈悲為懷、樂善好施、去惡從善等精神，影響著中國人的為人和行事。

▍傳統思想文化的基本精神

美國學者菲利普‧李‧拉爾夫等在所著《世界文明史》（商務印書館1998年第1版）一書中認為：「當希臘人正在探討物質世界的性質，印度思想家在思考靈魂和神的關係時，中國的聖人正試圖去發現人類生活的基礎和賢明政治的根本原則。」

中國的傳統思想文化歷史悠久，形態完整，兼收並蓄，內容豐富，風格獨特。作為人類重要的精神財富，中國傳統思想文化有其獨特的精神內涵。

——提倡以人為本。中國是人文思想產生最早的國家。中國古代思想家大多主張通過人文教化，建立起一個有道德、有秩序的文明社會。中國傳統文化認為，如果說天地是萬物的母親，那麼人就是萬物之中最有靈性或最重要的。荀子說：「水火有氣而無生，草木有生而無知，禽獸有知而無義，人有氣有生有知，亦且有義，故最為天下貴也。」「仁」是孔子思想的核心，他認為，「仁者，愛人」，即仁就是愛他人。當孔子的一個弟子問他如何才叫做有智慧、有知識時，孔子告訴他：有智慧的人應該「務民之義」，就是把老百姓的事放在第一位。中國很早就有「民為邦本，本固邦寧」的說法。孟子更是提出「民為貴，社稷次之，君為輕」的思想，發展了儒家的「人本主義」思想。

——主張天人合一。「天」在中國傳統文化中有特殊的地位。中國傳統文化中的「天」既指自然之天，也指天命之天。自然之天，就是以天地為萬物之本。天命之天，是一種主觀想像的如同自然之天一樣不可抗拒的

▶ 漢代董仲舒著作《春秋繁露》，宣揚「天人合一」「天人感應」。

意志。中國傳統文化主張的「天人合一」，是一種自然觀和對自然的態度，即人與天地萬物為一體。「天人合一」思想認為，天與人雖然是一對立體，但從根本上說是天主導人，而不是人主導天。天是最高最神聖不可侵犯的，天的勢力大於人的勢力，天的意志決定人的意志，因此，人要順從自然之天，這樣就能使人與天協調統一起來。道家思想的一個鮮明特點就是強調人要順其自然地做事，輔助萬物的本性去發展，而不能夠隨意去改變它。儒家思想也主張做事要因循自然。

——推崇以和為貴。和平是中國文化的內在精神，集中體現在「和為貴」「和而不同」與「仁和」等理念之中。儒家創始人孔子說：「禮之用，和為貴。」就是說，一切事情都要以「和」為出發點和歸宿。「和」為什麼這樣重要呢？在中國古代思想家看來，世間一切事物都由「和」產生和發展，也就是「和實生物」，這樣世間才能安寧、繁榮。同時，中國傳統

文化又特別強調「和而不同」，一方面把「和」作為最高的價值追求，但同時又不能以「同」來取代「和」，要承認差別和多樣性，尊重、理解他者，相互包容。因此，「和」的達成只能通過平等協商和對話合作來逐步實現。中國傳統文化還非常重視和平的實現與道德修養之間的內在統一，也就是「仁和」思想。中國古代的思想家認為，要防止人們因為慾望得不到滿足而發動戰爭，必須「制禮義以分之」。為此，就要行「仁愛」，通過仁義道德的教化，使人人成為「仁者」，而「仁者」是「無敵」的，這便是由「仁」而「和」的和平之路。

——追求大同世界。所謂大同世界，是古代思想家們設計的烏托邦式社會圖景，大同世界是什麼樣呢？孔子認為大同世界是一個行大道的天下為公的世界。老子也設計了一個人人都能「甘其食，美其服，安其居，樂其俗」的理想社會。在大同世界中，生產資料共有，人們之間沒有等級差

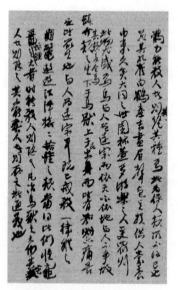

▲ 康有為《大同書》手稿

▲ 康有為像

別和壓迫剝削、平等和睦相處，各有所得所樂。受大同思想的影響，中國歷史上發生的許多農民起義，都在不同程度上提出建立「等貴賤、均貧富」社會的主張。中國近代變法領袖康有為（1858-1927）所著的《大同書》，把「天下為公，無有階級，一切平等，既無專制之君主，又無民選之總統」作為他的「大同世界」。中國民主革命的先行者孫中山（1866-1925）也把「天下為公」作為自己的政治追求。中國傳統文化中的大同思想，其歷史侷限性十分明顯，但其所反映的「天下為公」和自由、平等、博愛等樸素精神，正反映了人類對未來美好社會的憧憬。

——強調入世精神。在中國傳統文化中居主導地位的儒家文化，要求人們關注現實，關注內在的道德修養。當孔子的弟子問孔子怎樣看待和處理鬼神這樣的事時，孔子嚴厲地批評他說，「未能事人，焉能事鬼」，就是說你人間的事情都做不好，怎麼還要問怎樣去事鬼呢？因此，孔子只談今生今世事，不談鬼神和來生來世事，並明確表示「敬鬼神而遠之」。入世便要做到「內聖外王」，即通過內在的道德修養的不斷提高而實現經世致用。每個人只要從內心做起，從身邊的事情做起，從日常事件和現實生活做起，就可以由小到大，由平凡之事入手來成就偉大功業。這一過程首先是正心、誠意，然後是格物、致知，繼而修身、齊家，最後是治國、平天下。

作為農業文明在觀念形態上的表現，中國的傳統文化既積累了許多有價值的創造，也存在一些侷限、缺陷甚至是糟粕。中國傳統文化存在的缺失主要有：缺少民主精神，推崇人治；宣揚等級制度，重男輕女；突出集體主義，忽視個體價值；追求平均主義，創造性不足；等等。

▌傳統思想文化背景下的社會

　　與農業文明相適應，傳統思想文化背景下的中國社會是宗法性質的社會，以家族為單位，實行「家國」一體。「國家」這一概念在傳統中國文化中很少使用，經常被「天下」、「社稷」（由對土神和穀神的祭祀演變而來）一類概念所替代。在中國傳統文化中，沒有家便沒有國，家既是生活單位，又是生產單位。同時，家不只是一家一戶的家庭，還要擴大到整個血緣家族。一個家族中以父親為主軸，父的父是祖父，父的兄是伯，父的弟是叔，父的姐妹是姑；父親的兄弟姐妹生的孩子，構成堂兄弟、堂姐妹系列。在母親方面，母的父是外祖父，母的兄弟是舅，母的姐妹是姨；母親的兄弟姐妹生的孩子，又構成表兄弟、表姐妹系列。在分別親族時，男

▲ 四世同堂共四十一口人的幸福大家庭

性一系的親人，也就是父親這邊的是「內」，而女性一系的親人，也就是母親這邊的親人是「外」。上述父母兩大系的衍生、繁衍，就出現了一個十分龐大的族群，而且隨著人口的增加而不斷增大。

　　古代中國社會基層，就是按照上述這種男女有別、長幼有序的原則，建立了以家庭、家族、宗族為組織單位的鄉村共同體。這樣的家庭、家族、宗族常常居住在一個共同的區域，擁有一個共同的祖先，有共同的祠堂和宗譜。在一個家族裡，有知識有文化的人，特別是中過科舉的人，或年齡與輩分較長的人，通常比較有威信。家族由德高望重者任族長，負責對家族進行治理，決定家族的各項活動，包括組織祭祖活動等，並依照族規、家法，對違背家族規定者進行處罰。以家族為單位的基層社會組織，對古代中國社會秩序構建和制度穩定，起到了重大作用。 這是古代東方

▲ 廣東順德水藤沙邊村的「厚本堂」何氏大宗祠

二〇一四年三月二日,農曆二月二,在安徽省亳州市陳摶廟景區,精彩的舞龍表演吸引了眾多遊客。

社會與西方社會的最大不同之處。

　　傳統文化背景下的中國社會以道德而不是以法律立國。道德規範成為社會的規章，每個人都受道德約束。儒家思想構成中國傳統文化的核心價值，提供了傳統中國社會的一系列道德規範，其中最主要的是「三綱五倫」。「三綱」是指「君為臣綱、父為子綱、夫為婦綱」，也就是臣要服從君，子要服從父，婦要服從夫。「五倫」是指君臣、父子、夫婦、長幼、朋友五對社會成員的關係，做到「君臣有義、父子有親、夫婦有別、長幼有序、朋友有信」。違背了這些道德規範，就是不忠、不孝、不義、不愛、不信，為社會所不接受。中國古代社會基本以上述儒家道德思想為依歸，規範維持著社會秩序。

　　要做到以道德立國，最重要的是要使每個社會成員成為一個有道德的人，這就涉及提高人們的內在道德修養問題。中國傳統文化講一個人成功，就是能夠立德、立言、立功，首先是培養自己的品德，然後是通過言論影響別人，最後是做出成績。要成為有道德的人，就要做到「博學之，審問之，慎思之，明辨之，篤行之」，也就是要多蒐集資料，直接去考察，慎重地思考，辨析清是非，堅定地落實。

　　在傳統思想文化影響下，宗教在古代中國社會並不發達。在中國歷史上，宗教從未占居社會主導地位，沒有發生教權與皇權之爭，更沒有發生宗教改革或戰爭，這也是古代中國社會與西方社會的不同之處。中國沒有產生《聖經》《古蘭經》那樣全面系統論述宗教思想並廣泛傳播的著作，也沒有產生耶穌那樣的傳教佈道者。

　　作為中國傳統文化主體的儒家文化，宣揚的是一種入世學說，主要探討人際倫理關係，未涉及宗教信仰問題。而儒家思想又被歷代統治者奉為

▲ 新年之際，江西九江民眾來到位於廬山腳下的世界最高阿彌陀佛銅像——東林大佛前膜拜祈福。東林寺是佛教淨土宗的發源地。

正統，這就制約了宗教在中國的發展。中國傳統文化另一重要組成部分道家文化，雖然發展成道教，但道教注重的是對自然法則的探討，在於修養心性，與基督教信仰上帝有很大區別。佛教經中國化之後演變為禪宗，宗教意味已大為減弱，特別是世俗化的佛教，隨意性很強。中國有「殺身成仁，立地成佛」的說法，生動地說明了成為佛教徒並不是一件難事。時至今日，如果你到中國的寺廟去，經常可以看到有許多人在那裡燒香拜佛。實際上這些人大多數並不是佛教徒，而是通過這種形式來祈求平安，驅災避禍。在傳統中國文化中，天是最大的神，但人們對天是崇拜而不是信仰。中國的先民很早就有圖騰崇拜活動，如對龍的崇拜，但這種崇拜只是表達了對自然力的一種敬畏，也不是宗教信仰。中國人有祭祖的傳統，一

年之中有多個節日是用來紀念祖先的，但這些只是表示對祖宗的懷念、感謝和崇拜，並不是宗教活動。

　　傳統思想文化背景下的中國社會還有許多特殊的現象值得關注。如傳統的中國社會是一個「男尊女卑」的社會，女人要裹小腳，同時實行妻妾制度，男人可以娶妾，有地位有權勢的甚至可以娶多房妻妾。再如基層鄉紳制度。鄉紳雖不是政府官員，但與政府有著特殊關係，他們深受儒家文化薰陶，利用自己的文化知識和社會影響，變相為政府服務並獲取利益，反過來政府又通過他們有效地實施對基層的治理。又如在皇宮內實行閹官制度，由太監掌管宮內事務等等。

▲ 裹小腳的老婦人。這些老人都近百歲了。

傳統思想文化對民族性格的塑造

在漫長的歷史發展過程中，作為觀念形態的中國傳統思想文化，注入到了中華民族血液之中，深深影響著中華民族性格的形成。

——自強不息。「天行健，君子以自強不息」，這句話是中國傳統文化對有識之士的鞭策，意思是說有作為的人應該效仿大自然生生不息的精神，奮發有為，積極進取，永不停步。孟子將自強不息並且能夠忍受艱難困苦看作是成功的必由之路，他說：「天將降大任於斯人也，必先苦其心志，勞其筋骨，餓其體膚，空乏其身……」幾千年的歷史證明，中華民族是個韌性十足的民族，不管是自然災害，還是內憂外患，從不向苦難低頭，始終持之以恆，百折不撓。

▲ 蘇里南首都帕拉馬里博，華裔民眾進行舞獅表演，迎接中國傳統春節到來。

——包容和諧。中華民族具有極強的包容性。中國傳統文化的指向總的來說是主「和合」「中和」，主張通過合作化解矛盾和分歧，不主張攻擊和侵略，反對戰爭。這種包容性既體現在對其他民族的接納，也體現在吸收其他民族優秀的文化成果。在歷史上，曾多次發生周邊民族進入中原的情況，但最終這些民族的文化都被中原文化所同化，成為中華民族文化的一個重要組成部分。中國人修身講究「心平氣和」，治家講究「家和萬事興」，治國講究「和睦興邦」，發展對外關係講究「協和萬眾」。在處理人與人、家與家、國與國的關係時，注重尋求利益共同點，求同存異，相互包容，共同發展。

　　——勤勞節儉。中國很早便有「克勤於邦，克儉於家」的古訓。「勤」

▲ 河北省邯鄲市羅城頭街道電力社區開展「倡導光盤行動，拒絕舌尖上的浪費」文明餐桌倡議活動，引領節約風尚。

是指對所從事的事業要用心去做，竭力而為，不怠慢、不厭倦。「儉」是指珍惜物質財富，合理使用，不奢侈，不浪費。中國文化要求人們做事要珍惜時間，持之以恆，堅持到底。在古代社會，由於勞動生產率較低，勞動成果來之不易，人們只有勤儉才能生存下去，因此，中國的先民很早便以儉為善，以奢為惡。中國歷史上流傳著許多關於勤儉的名言警句，並一直沿用到今天，如「歷覽前賢國與家，成由勤儉敗由奢」，「成家之道，曰儉與勤」。崇尚勤儉，通過勞動和節儉積累社會財富，是一種最為樸素的興國興家美德。

——善良寬容。中國文化講究「積善成德」，主張多做好事，並認為好事做多了就可以達到一個很高的境界。中國佛教雖然主張出世，但也包

▲ 江蘇南通舉行「愛心年夜飯 和諧共團圓」大型現場捐贈活動，向特困、低保、農民工家庭贈送年夜飯。

含著積極的入世精神。佛教提倡的慈悲濟世的情懷，既幫助人們解除現實世界的種種痛苦，還努力協調人與人、人與眾生、人與自然之間的關係，緩解各種矛盾和問題，鼓勵人們努力向上。中國人的品格中經常表現出去惡從善的特徵。中國民間至今流行這樣的警句：「善有善報、惡有惡報」，「勿以惡小而為之，勿以善小而不為」，「積善之家必有餘慶，積惡之家必有餘殃」等等。與善良相統一，中國文化還特別強調「寬容」，主張「寬大為懷」，捐棄前嫌，反對積怨結仇，互相敵視。中國文化中還有樂善好施、同情弱者的優良作風。中國人經常說的一句話是「一方有難，八方支援」，通過團結、友愛、互助，使有困難的人渡過難關。

——樂觀務實。儒家文化本身是一種入世的文化，主張積極參與社會活動，做到經世致用。儒家文化尊重現實，證實現實，面對現實，對生活懷著積極樂觀的態度，反對悲觀和氣餒。在儒家文化影響下，中國人歷來重視實際，講究實用，追求事功，反對華而不實，反對清談玄想。在普通中國人心目中，人活著不是要做出什麼了不起的事情來，而是要重視現實，不逃避現實問題，積極進取。儒家文化強調學習不是簡單的知識積累，而是為己之學，通過學習來提升自己的修養，以使自己在社會生活中有所作為。正所謂：「究天人之際，通古今之變，成一家之言。」

——中庸適度。受傳統文化影響，中國人做事情講究「中庸之道」，就是主張做事情要適度，超過一定的度，反倒不能達到目的。中庸不是調和，而是要恰如其分。如飲食一樣，吃得太飽會撐得難受，吃不飽餓著也不行，要恰到好處。又如一個人穿鞋，鞋大了或小了走起路來都不方便，要適合腳的大小。中國文化有盈極則虧、物極必反的思想，說的就是不要把事情做過了頭，否則事情就會朝著相反的方向發展。

▲ 陝西咸陽市統一廣場上，千人表演太極拳。

　　——憂患意識。中國人的生活態度是積極樂觀的，但同時又充滿了憂患意識。孟子說：「生於憂患，死於安樂。」在不同歷史時代，仁人志士有著不同的憂患，或憂君國之衰敗，或憂民族之危亡，或憂黎民之困苦，使憂患意識成為中華民族的品格。中國歷史上留下了許多體現憂患意識的名言，「先天下之憂而憂，後天下之樂而樂」，「生年不滿百，常懷千歲憂」，「天下興亡，匹夫有責」，「家事、國事、天下事，事事關心」，「位卑未肯忘憂國」，「身無半文，心憂天下」，等等，激勵國人達到「樂以天下，憂以天下」的博大而崇高的境界。

　　傳統文化對中華民族性格的塑造也存在一些負面的東西。由於過分關

注現實，理想主義成分相對少些；中庸思想帶來了自給自足的心理，安於現狀，缺少探索冒險精神；存在一定的自大心理，封閉保守；墨守成規，遇事總是「往回看」，不善於超越前人；等等。

古代中外文化的交流

　　受高山、大漠、高原、海洋等地理環境的影響，古代中國與外部世界的交流並不順暢，但這並不意味著古代中國與外部世界缺少交往。高度發達的中國古代文化曾深深地影響了外部世界的文明進程，同時在其漫長的歷史發展中，也融合了外部文化特別是中亞、南亞文化。

　　絲綢之路是古代中國與外部世界進行交流的主要通道。絲綢之路的開通始於漢代，漢朝原本是想通過聯合中亞國家抗衡北方草原上的匈奴政權。通過絲綢之路，中國與中亞、西亞國家開始了政治、經濟、文化、軍事等方面的交往。從兩漢到明代，也就是從西元前三世紀末至西元十七世

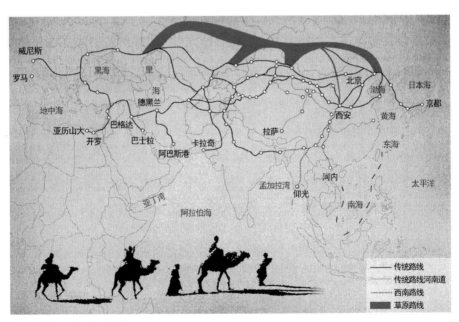

▲ 陸上絲綢之路示意圖

紀長達一千五百多年間，絲綢之路一直承擔著中國與歐亞一些國家發展關係的任務。絲綢之路是古代東西文明的交流之路，對東西方文明發展影響重大，時至今日，仍在發揮作用。近年來，中國提出，與沿途各國共同建設「絲綢之路經濟帶」，造福各國人民。這種新合作必將使絲綢之路重新煥發生機。

歷史上，跋涉在絲綢之路上的主要是從事貿易活動的商人，早期以販運中國產的絲綢為主，故稱「絲綢之路」。當時，中國的絲綢在中亞、南亞和歐洲等地很有名氣。羅馬作家培利埃該提斯說：「中國人製造的名貴彩色絲綢，就像田野裡盛開的美麗的花朵，它的纖細簡直可以和蜘蛛織的網相媲美。」中國的茶、香料、瓷器、漆器、鐵器、藥材等物產，天文、醫學、音樂、建築等各個領域的知識，特別是造紙、印刷和火藥技術，也

▲ 唐時各國使節在長安。

通過絲綢之路運往或傳到中亞及其以西的地區，深刻影響了人類文明進程。與此同時，絲綢之路也將中亞以西的文明傳入中國，特別是宗教和藝術，影響了中國文化的發展。佛教就是通過絲綢之路傳入中國的，並很好地與中國文化結合起來，實現了本土化。伊斯蘭教等宗教也通過絲綢之路傳入中國西北地區，對當地社會發展產生重大影響。中亞以西地區的雜技、戲劇、音樂、舞蹈，通過絲綢之路傳入中國，對傳統中國藝術的發展起到推動作用。絲綢之路在西元七世紀至十世紀的唐代時最為繁榮，當時中外交流頻繁，中亞以西許多國家的使節通過絲綢之路來到中國唐朝首都長安。

為促進歐亞各國經濟聯繫更加緊密、相互合作更加深入，發展空間更加廣闊，二〇一三年，中國政府提出了建設「絲綢之路經濟帶」的戰略構想。古老的絲綢之路即將重新煥發勃勃生機。

談到古代東西方文明交流，不能不提基督教的傳入及其對中外文化交流的影響。

早在唐代時，就有景教（基督教中的聶斯托利派）通過絲綢之路傳入中國，此後景教在中國的發展時起時落，沒有形成大的規模。孟特高維諾是羅馬天主教在中國傳教的第一人。他於一二九三年在福建泉州登陸，一二九四年抵達元朝首都大都，開始傳教，以後在北京傳教服務三十多年。明清之際，耶穌會士通過海上來到中國，試圖進入中國內地傳教。一五五七年，葡萄牙強租了中國的澳門，使澳門成為天主教在東方傳教的重要據點。一五八三年，意大利耶穌會士利瑪竇（Matteo Ricci，1552-1610）進入中國南方廣東傳教。他試圖使天主教中國化，調和天主教與中國文化而使中國人接受天主教。他甚至穿上中國佛教徒的服裝，以為這樣就可以與

▲ 利瑪竇在中國時的畫像

中國文化融為一體。他以西方科學作為傳教手段，努力學習中國的儒家文化，並通過撰寫中文著作，宣講西方倫理和基督教義。一六○○年，利瑪竇因向明朝萬曆皇帝進貢自鳴鐘而獲准留居北京，期間他廣泛結交士大夫，並爭取其同情。經過多年在中國的傳教活動，到一六一○年他在北京病逝時，全中國約有天主教徒二千五百人。早期傳教士對向中國傳播西學發揮了很大作用，他們與中國的一些士大夫一起翻譯了大量西方科技書籍。

德國人、羅馬教廷科學院院士湯若望（Johann Adam Schall von Bell，1592-1666）是利瑪竇之後又一位在中國產生重要影響的傳教士。他因準

▲ 德國傳教士湯若望像，繪於一九○四年以前。

確預測日食而被任命為中國掌管天文的欽天監官員。他與比利時人南懷仁（Ferdinand Verbiest，1623-1688）曾為在中國推廣西方曆法而積極努力，雖遭一些中國士大夫的堅決反對，卻得到清朝康熙皇帝的支持。據統計，到一七○一年，中國已有一百三十名天主教傳教士，教徒近三十萬。

此後，發生了「禮儀之爭」，即天主教是否應該中國化，具體問題是如何翻譯「造物主」及中國教徒是否可以參加祭祖祭孔等禮儀活動。代表利瑪竇的一派傳教士認為，儒家經典中的天與天主教的天主意義相等；中國人的祭祖祭孔活動只是一種崇拜，這類活動與信仰天主教並不矛盾。反對派的看法與此相反。雙方爭論激烈，最後羅馬教廷下令嚴禁中國教徒祭

祖祭孔，康熙皇帝針鋒相對，下令嚴禁在中國傳教。這場爭論從中國內部發展到外部，從東方發展到西方，持續了一百多年，最終天主教再次被中國拒之門外。但也正是這場禮儀之爭，引起了歐洲人對中國文化的熱情，一時間介紹中國歷史、哲學、地理、藝術、風俗的圖書在歐洲廣為流行，談論中國成為熱門話題。利瑪竇在他的《基督教進入中國史》一書中對中國的儒學、佛教和道教一一作了介紹。他認為「中國最偉大的哲學家是孔子」，稱其「一生以言以行以文字，誨人不倦。大家都把他作為世界上最大的聖人來尊敬。實際上，孔子所說的，和其生活態度，絕不遜於我們古代的哲學家，許多西方哲學家無法與他相提並論。」

中國傳統思想文化對周邊地區一些國家的影響更大。特別是古代的朝鮮半島和日本列島等東亞地區，與中國有著緊密的關係。西元七世紀至十

▲ 《東征傳畫冊》，描繪的是東渡日本傳道的中國唐朝高僧鑑真的故事。

世紀唐朝時，中國文化高度發達，日本先後派出十三次遣唐使到中國，考察唐文化和制度。日本還派留學生到唐朝的最高學府——國子監學習。留學生回國後，由日本朝廷按其所學，安排在教育、醫學、刑律、藝術等不同部門。六世紀，佛教由中國傳入日本，很快就成為日本最大、最有影響的宗教。日本專門派留學僧來中國投拜高僧名師，學習佛教知識。唐朝高僧鑑真應日本僧人邀請，歷經十一年努力，終於在七五三年成功東渡日本。鑑真在日本度過了一生中最後的十年，以其豐富的學識，對日本的宗教、建築、醫學等方面作出了重大貢獻，成為中日友好的象徵。六四六年，日本進行了著名的「大化改新」，模仿中國隋唐的政治、經濟制度，對日本社會進行全面改革，使日本進入新的發展時期。

中國傳統思想文化對古代朝鮮也產生了重要影響。西元六世紀末到十世紀隋唐時期，朝鮮半島的新羅政權也派遣留學生到中國學習，並派遣僧人來唐求法。在政治制度方面，新羅仿隋唐的三省六部體制，建立了中央行政機構，並仿隋唐地方制度，建立州郡體制。新羅還按照隋唐模式，建立教育制度，開設國學，講授中國的《論語》《春秋》《孝經》等儒學典籍，並實行科舉取士制度。

第四章

農業文明時代的發達國家

中國以農業文明時代的發達國家而載入人類史冊。中外歷史學家們較為一致的看法是，古代中國代表著農業文明，在相當長時期內，其生產力和社會發展水平處於世界領先地位。在長達二千多年的時間裡，中國的先民們辛勤勞作、善於創造，以自己的智慧和汗水，豐富和發展了人類文明。

農業的進步和手工業的發展

在中國西南的四川省，有一個在先秦時期設計建造的防洪灌溉工程，距今已有二千多年的歷史，但仍然發揮著作用，這便是有名的都江堰水利工程。

古代中國以農業為主體經濟形式。黃河、長江、珠江、遼河等主要水系形成的沖積平原，為發展農業生產提供了良好的自然條件。中國歷代王朝都視農業為立國之本，並通過有效政策措施，鼓勵農業生產。在歷史上相當長一個時期，中國的農業生產技術水平處於世界領先地位。

早在商周時期，中國人就開始從事農耕活動。當時主要的農作物有稷

▲ 都江堰水利工程三大景觀之一「魚嘴分水堤」

（小米，俗稱穀子）、黍（大黃米）、麥（有大麥、小麥之分）、菽（豆類總稱）、稻（今稱水稻）。春秋時期，鐵器已用於耕種，並出現了牛耕，農業生產得到進一步發展。秦漢時期，隨著生產工具和生產技術的提高，特別是水利灌溉的運用和政府組織的墾荒運動，北方農耕經濟區擴大。從漢朝開國到漢武帝即位的七〇年間，由於國家沒有經歷嚴重的戰爭及動盪，天下太平，加之風調雨順，沒有出現大的自然災害，民間人給家足，城鄉大小糧倉都得到充實，國家財政也多有盈餘。有文獻記載當時糧食豐收情況：國家糧倉太倉的存糧因年年堆積，不得不露天存放，結果導致糧食腐爛而不可食用。而在民間，人們競相比富，大小人家都風行養馬，並在鄉間小路上成群馳游。東漢以後，中國長江流域農業經濟開始得到較快發展，廣大的南方地區開始出現水稻一年兩熟制，農業生產水平進一步提高。

唐代前期，中國農業經濟的發展達到了一個新的高峰。當時，生產發展，糧食豐溢，人戶增多，民生殷實。農業耕種面積擴大，全國從北到南，所有平地都被開發利用。人口增長迅速，到七三二年，全國有人口四五四三萬，比唐初增加一倍半以上。宋代時，全國大力興修水利，推廣灌溉，江河湖泊多被利用，灌溉面積增多，精耕細作加強，糧食產量提高。清代康熙、乾隆年間，由於實行與民休息政策，減輕農民負擔，鼓勵農業生產，使中國歷史上又出現了一次農業生產空前發展、人口迅速增加時期。

中國古代社會重視農業生產，同時也重視總結農耕經驗，以便推廣應用。秦以前，中國便出現了討論農學的文章，不僅研究農業技術，也探討農業政策。先秦重要文獻《呂氏春秋》中保存了四篇有關農學的論文。

西元五十至一八二〇年中國、歐洲、印度次大陸以及全世界人口情況估算（單位：百萬）				
年代	中國	歐洲	印度次大陸	世界
50	40	34	70	250
960	55	40	—	300
1280	100	68	—	380
1500	103	72	110	425
1700	138	96	153	592
1820	381	167	209	1049

資料來源：轉引自[德]康拉德・賽茨《中國：一個世界強國的復興》，國際文化公司 2007 年 4 月第 1 版。

《氾勝之書》是西漢時一部重要農學著作，以今天陝西關中地區作為試驗基地。東漢時期有《四民月令》一書，記述今天河南洛陽一帶農耕生活。北魏時賈思勰所著《齊民要術》一書，是中國古代一部重要農學著作，介紹當時黃河中下游地區農業生產技術。據研究者統計，中國古代歷史上研究農學的著作有三百多種。農學研究的熱門從一個側面反映了農業文明的發達。

手工業是農業經濟的重要補充。手工業的發展推動了農業生產的發展，也使農業文明的形式和內容得到豐富。在中華文明的起源時期，陶藝、紡織和玉器製作等已經具備相當的工藝水平。商周時期，手工業開始成熟，被稱為「百工」，當時的玉器和青銅器已表現出較高水準。春秋戰國時期，鐵器鑄造成為重要的手工業部門，多種鐵器用於戰爭、社會生產

▲ 南京博物院陳列的唐三彩文物展品　　　　　　▲ 表白釉酒壺和溫酒器

和生活之中。漢代煉鐵、鑄鐵和制鋼業、絲織業、漆器製造業以及造紙業興起。隋唐時鑄造業發展迅速，金屬製造水平大大提高，制瓷技術更為成熟。唐代生產的白瓷如同白雪，青瓷有如清霜。宋代手工業規模擴大，分工進一步細化，技術、質量達到前所未有高度，著名的景德鎮瓷窯這時處於極盛時期。明代棉織業、冶鐵業進步快，最大的鐵爐可容礦石一千多公斤，日出鐵五百多公斤。清代手工業規模不斷擴大，分工更細，景德鎮御窯廠正常年產量可達十多萬件。

中國古代手工業的經營形式以官營為主。宋代以後，特別是明代，民營手工業逐步發展起來。明代中葉開始，由於民間消費需求旺盛，民間紡織業開始大大超過官營紡織業，並出現了僱傭勞動和手工工廠經營方式。

西元五十至一八二〇年中國、歐洲、印度次大陸以及全世界人口情況估算 (單位：百萬)				
年代	中國	歐洲	印度次大陸	世界
50	40	34	70	250
960	55	40	—	300
1280	100	68	—	380
1500	103	72	110	425
1700	138	96	153	592
1820	381	167	209	1049

資料來源：轉引自[德]康拉德・賽茨《中國：一個世界強國的復興》，國際文化公司 2007 年 4 月第 1 版。

遠居世界前列的科技水平

中國「在西元三世紀到十三世紀之間保持著一個西方望塵莫及的科學知識水平」，這是英國著名中國科技史專家李約瑟對中國古代科技的評價。中國古代科技在很長的時間裡曾走在世界的前面，不僅為人類貢獻了「四大發明」，並且在天文學、氣象學、醫學、農業、植物學、動物學及水利交通、土木建築、園林設計、金屬冶煉、船舶製造、陶瓷製造、紡織印染等諸多領域，也領先世界。

「四大發明」——造紙術、印刷術、火藥、指南針，是古代中國奉獻給世界的重大科技成果，改變了人類文明進程。

人類採用紙作為書寫材料，無疑具有革命性。造紙術發明於漢代。此前中國的先民曾採用龜甲、竹木、縑帛等作為書寫材料。這些材料或者笨重，或者珍貴，造價高，使用不方便。東漢時，宦官蔡倫總結前人經驗，改進造紙方法，發明植物纖維造紙術，使紙的產量大為增加。此後經過長期的發展，特別是到宋代時，造紙技術更加成熟，竹紙、草紙已廣泛使用，並出現了《紙譜》這樣專門總結造紙技術的著作。中國的造紙技術首先在三到四世紀傳到越南、朝鮮、日本等周邊國家，八世紀前

▲ 東漢蔡倫像

後傳到中亞地區，十一到十三世紀傳到北非和歐洲。

如果說紙的發明方便了人類書寫，那麼，印刷術的發明則方便了人類獲取知識，同樣對推動人類社會發展具有革命性作用。大約在發明造紙術幾個世紀之後，也就是六世紀初的隋唐之際，中國人發明了雕版印刷術。這種技術是把文字刻在一整塊木板上，然後在木板上加墨印刷。到五代時，又出現了銅版印刷技術。宋代雕版印刷業空前繁榮，刻印了大量經書、史書、醫書以及佛教、道教典籍，並且發明了套色印刷技術。活字印刷術的發明無疑是印刷術發展史上一次重大變革。北宋時一個叫畢昇的平民，發明了用泥造的活字印刷技術，從此人們不必再採取整塊雕版的做法，而是改用活字排版。此後的元、明兩代，中國人還發明了木活字和錫、銅、鉛等金屬材料製成的活字。中國的印刷術自唐朝起開始外傳，先

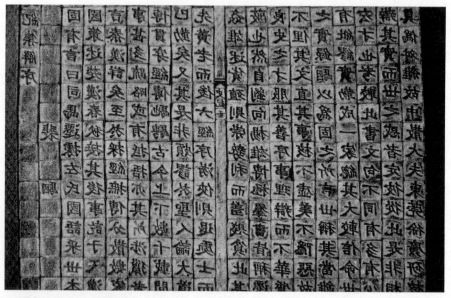

▲ 畢昇泥活字板（模型）

▲ 漢代司南（仿製品）

到日本、朝鮮，接著傳入東亞、南亞和西亞各國，並經波斯傳到北非和歐洲。一四五六年，德國人古登堡開始用活字印刷《聖經》。印刷術傳到歐洲後，對歐洲文藝復興和宗教改革運動起到了重要促進作用。

將火藥用於戰爭，是戰爭手段的一次重大升級，影響深遠。火藥的發明與中國道教的煉丹術有關。煉丹就是通過提煉各種各樣的藥物和礦物質，以期獲得一種有益身心健康和能夠長生不老的藥物。古代道教方士在煉丹過程中逐步認識到製造火藥的硫磺、硝石的化學性質。火藥於魏晉南北朝時發明，到唐朝時已經被用於軍事領域，北宋時已形成規模生產，並出現了與之相配的火器，如弓火藥箭、弩火藥箭、噴氣式火箭、管形火箭等。中國發明的火藥技術約在十三世紀初經過印度傳入阿拉伯國家，歐洲人在與阿拉伯人的戰爭中也學到了製造火藥和火藥武器。

指南針的發明使人們明確了東西南北，從此不再迷失方向。早在戰國時期中國人就發現了磁鐵的指極性，並發明了磁性指向儀器「司南」。到宋代，人們發現了人工磁化的方法，進而發明了指南針，並使其成為航海

的工具，「夜則觀星，晝則觀日」的天文導航方法漸被淘汰。指南針在航海領域的廣泛應用，開創了人類航海活動的新紀元。正是由於指南針技術的成熟，到明代初期才有了鄭和七下西洋這一航海史上的偉大壯舉。大約在十二世紀到十三世紀時，指南針由中國傳到阿拉伯國家，此後再到歐洲，對歐洲航海業的開闢和新大陸的發現起到了重要作用。

在天文學領域，包括天象觀測、曆法推算和天文儀器製作等多方面，古代中國也取得了舉世公認的成就。中國最早的編年體史書《春秋》記載日食三十七次，有三十三次可靠，並對月食、流星雨、哈雷彗星、太陽黑子、極光等天文現象多有記載。中國古代特別重視制訂曆法，在先秦時即確定歲實（回歸年）為 365.25 日，是當時世界上最精密的曆法之一。以後各朝代差不多都有自己的曆法，最著名的是元代天文學家郭守敬制訂的《授時曆》，確定的回歸年長度為 365.2425 日，與今日世界曆法所用值完全相同。中國古代創製的天文儀器種類繁多。在漢代，科學家張衡創製了一種新的渾天儀。這種儀器以漏壺滴水為動力，推動其內部的齒輪裝置，每天勻速轉動一周，以演示星宿的出沒，與天文觀象臺所內的星象完全符合。

古代中國是最早建立數學體系的國家。東漢時，經眾人撰寫、修改、補充，集中了先秦以來數學成就之大成的著作《九章算術》問世，開創了古代中國數學體系。該書以解決日常生活需要為主，涉及算術、代數和幾何等多方面的數學問題，其中關於分數的概念和分數運算、比例問題的計算、負數概念的引入和正負數的加減運算法則、聯立一次方程組的解法等，都比印度早八百年以上，比歐洲早千年以上。南北朝時，數學家祖沖之所求得的圓周率，精確到七位小數，早於世界其他同類計算一千年以

▲ 上海科技館前的渾天儀

上。

　　在近代西方醫學出現之前，中國醫學的發展曾居世界前列，並且形成了自成體系的中醫學。成書於漢代的《黃帝內經》，是中國最早的一部比較完整的醫學理論著作，千百年來一直指導著中醫的臨床實踐。東漢末年，醫學家張仲景寫成《傷寒雜病論》，奠定了中醫治療學基礎。明代醫學家李時珍終其一生所撰寫的《本草綱目》一書，系統總結了十六世紀以前的中醫藥理論。

　　中醫理論的出發點是「氣」，氣又分陰陽，陰陽平衡是人體健康的最根本的因素，如果陰陽失去平衡，就會產生各種各樣的疾病。中醫理論的另一思想是五行學說，這一學說把天地萬物歸納成木、火、土、金、水，

它們彼此相生相剋，相生是木生火、火生土、土生金、金生水、水生木，相剋是木剋土、火剋金、土剋水、金剋木、水剋火，只有把握這一整體的相關性，才能認識病因、病理，做到辨症施治和用藥，達到治病救人的目的。

完整的政治、法律與選官制度

　　與以農業為主體的經濟體制相適應，中國自秦漢以後建立了一套完整的政治、法律和選官制度。這套制度體系與西方國家多有不同，具有鮮明的古代東方特色。

政治制度

　　從秦漢起，中央集權制度和君主專制制度逐步建立、鞏固和發展起來。

　　秦漢在中央建立了「三公九卿」衙門機構，負責執行政策、管理事務。三公是丞相、太尉、御史大史。三公之下設九卿，即奉常、郎中令、

▲ 故宮乾清宮中的皇帝座位

太僕、衛尉、典客、廷尉、治粟內史、宗正、少府。「三公九卿」制度使政權機構分工更為嚴密和系統，也大大加強了皇權，為後世各朝代所沿襲。秦漢在地方實行郡縣兩級制，後改為州郡縣三級制。

如前所述，中國的帝制起於秦代。帝制是中國古代政治制度的核心。帝制就是君主制，君主被視為天子，地位特殊，權力無邊。即使是稱呼，帝王也與一般人不同。從漢代起，皇帝都有特殊的廟號、謐號、年號。通常，一朝開國皇帝的廟號稱祖，如漢高祖、唐高祖等；用最能表達皇帝功績的文字作為其謐號（死後的稱號），如「文」「武」「元」「景」等；用具有特殊指意的詞彙來概括皇帝的年號，如「建元」「貞觀」「天寶」「康熙」「乾隆」等。

為保證帝位的順利傳承，從漢代起建立了太子制度。所立太子可以是皇帝的兒子，也可以是皇帝的兄弟，所謂「父死子繼，兄終弟及」。如果皇帝因年幼等原因無法處理政務，皇帝的母親可以代理，這便是太后聽政制度。這一制度埋下了太后及其親信與皇帝及其周邊人爭奪皇權的隱患。太后（或皇后）的親信通常與太后（或皇后）有血緣關係，被稱為外戚；皇帝身邊的人因在宮中生活而遭閹割，被稱為宦官。中國歷史上，因外戚與宦官專權而導致朝政不穩的事件屢有發生，因爭奪太子位而發生的朝廷內鬥也時有發生。

中國古代的帝王制度發展到隋唐時臻於完備。隋唐進一步完備了宰相制度。宰相是輔佐皇帝處理政事的最高行政長官，其他百官均受其節制統轄，故中國民間關於宰相的地位有「一人之下、萬人之上」的說法。關於宰相的名稱，歷朝歷代不盡相同。以丞相作為皇帝的輔佐，始於秦漢。但由此也引發了皇權與相權的矛盾。到了隋唐，對宰相制度作了較大改革，

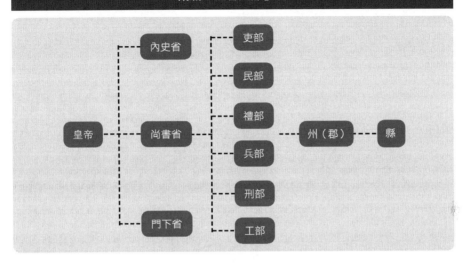

隋朝「三省六部」制

內史省　吏部　民部　禮部　尚書省　兵部　刑部　門下省　工部　皇帝　州（郡）　縣

實行集體宰相權，通過集體議事的方式分割相權，以消除皇權與相權的矛盾，使相權完全服從皇權。為帝王政治服務的中央機構設置，隋唐時已相當完備，這便是「三省六部」制。三省為尚書省、中書省、門下省，其中尚書省為最高行政機構，下設吏（人事）、戶（人口）、禮（禮儀）、兵（作戰）、刑（司法）、工（工程）六部；中書省為最高決策機構；門下省為最高審議機構。

　明清兩朝時，帝王專制得到進一步加強與再度發展。明太祖朱元璋為防止權臣專權，廢除丞相制度，由皇帝直接統領六部，處理政務，強化了皇權。為保證皇權，加強對百官的監督，明朝還建立了以宦官統領的東廠、西廠、錦衣衛等特務組織，使專制政治達到無以復加的地步。明清在地方建制上沿用元代的行省制，明分全國為十三行省和南北兩直隸，清分全國為十八省，並由中央政府直接管轄東北、內蒙古、外蒙古、回部、西

藏五個地區。清末，又陸續增設了新疆省、臺灣省和東北的奉天、吉林、黑龍江省。

法律制度

中國古代法制以維護皇權為根本，基本框架是「禮刑一體」，實行多法合一，司法行政不分。

秦崇尚法治，制訂《秦律》，其內容多達二十九種，涉及政治、軍事、農業、市場管理、貨幣流通、交通運輸、行政管理、案件審理、訴訟程序等各個方面。秦堅持輕罪重刑，嚴刑酷法。嚴酷的法律並沒有使秦萬世長存，反而激起了人民的極大不滿，加速了秦王朝的滅亡。漢初汲取了秦滅亡的教訓，崇尚法律寬簡，制定了《九章律》。漢統治穩定後，法律條文日繁。漢律有律、令、科、比四種，律為律條，令為詔令，科為法律應用，比為案例類推。漢律特別強調皇權至上，以儒家學說為法理依據，堅持禮法並用，以禮入法，德主刑輔，先教後刑，奠定了此後「禮刑一體」的法制體系。

隋唐時期法律制度建設得到進一步發展。隋制定《開皇律》，唐在此基礎上制定了《武德律》《貞觀律》《永徽律》，並編《唐律疏義》和中

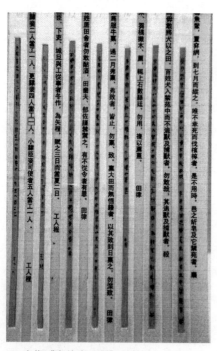

▲ 秦代《秦律十八種》竹簡

國最早的行政法典——《唐六典》，法律形式已相當完備。唐律堅持以禮入律的原則，明確規定：「德禮為政教之本，刑罰為政教之用。」在刑罰的類別上，將刑分為五等。在法律的實施上，特別完善了死刑覆核程序。加強法制監督，實行初審、覆審、監督「三法司」制。

明清兩代的法律制度是一個體系。明有《大明會典》，清有《大清律》。兩朝都通過編訂條例的做法來補充法律不足，《大清律》到清末時僅例就有近二千條。清代司法中「例」占具優先地位，有例從例，無例從律。明清兩朝治國寬嚴不同，明以重典酷法治國，清較寬容。

選官制度

中國古代建立了與君主專制制度相適應的較為完備的官員選拔制度，這一制度經歷了推薦、出身、考試等多個發展階段。

漢代形成了一套完整的選官制度，主要有察舉、徵召、辟除、任子、貲選等方式。察舉是推薦官員制度，由中央政府重要部門官員和地方政府主要官員向皇帝推薦能夠擔任官員的人才。徵召是皇帝對特殊人才直接徵用的選官制度。辟除是長官直接聘任部下的一種方式。任子是對高級官員子弟的一種特殊照顧方式。貲選是對官吏的資產限制。

▲ 《大清律》書影

上述選官制度的實施，建立了以儒家思想為原則的官吏標準，形成了以文人為主的職業官吏隊伍。

　　從魏晉到隋初，九品中正製成為特有的選官制度。根據這一制度，朝廷在各州和各郡設立中正一職，專門負責品評人才。中正根據品評標準和掌握情況，把士分為九等，即上上、上中、上下、中上、中中、中下、下上、下中、下下，以備選用。中正只有品評權，沒有任命權，需要將自己的品評意見提交給政府，作為政府用人的依據；政府雖有任用權，但必須根據中正的評定來任免官員，不得擅自做主。這就形成了中正與掌握用人權的政府官員之間的牽制。從表面上看，這一制度有其合理性，但這一制度適應了門閥政治的需要，實際情況是中正一職大多為世族把持，任用官員，全憑門資。

　　科舉制是中國古代官員選拔上的一大創造。這一制度創建於隋，發展於唐，規範於宋，完善於明清。隋逐步形成秀才、明經、進士三大科目選官。唐發展了隋科舉之法，特別是進士和明經兩科，每年考試一次，每次錄取幾十人不等。考試內容主要是中國傳統文化中的經學知識、經學理論、政論見解和文采辭章。宋對科舉制度進行了調整，在考試程序和方法上有了嚴密的規定，使其趨於規範化，共錄取五萬多人。明清

▲ 宋代《科舉考試圖》

科舉更加嚴密、規範，制度已相當完備。明清科舉與宋元相比，最大的不同是八股取士。八股是一種文體，以宋代儒家註釋的「四書（《大學》《中庸》《論語》《孟子》）五經（《詩》《書》《禮》《易》《春秋》）」命題，作文要採用特定的格式，仿古人語氣，替聖賢立言。明清科舉三年一次，分為鄉試、會試、殿試三級：鄉試考取者為舉人；會試第一名俗稱會元；殿試取中者為進士，並分三甲，其中一甲三人，依次為狀元、榜眼、探花，賜進士及第。科舉考試不受出身限制，「朝為田舍郎，暮登天子堂」，為包括普通百姓在內的社會各方人員踏上仕途提供了可能，也為天下才俊施展才華提供了機會。

中國古代創立的政治、法律和選官制度，是農業文明的產物，歷史地看，這些制度有利於穩定統治秩序，吸納社會菁英，提高官僚隊伍素質，但同時它又與皇權專制的家天下體制相適應，以帝王人治為根本。

▍自成一體的語言和文字

中國是語言和文字產生較早的國家之一，並且形成了自己特有的語言文字體系，這便是漢語和漢字。

在秦以前的春秋時期，漢語就出現了共同語。漢代時，更是以說同一種語言的漢族的「漢」字作為朝代名稱。自十二世紀以來，北京話成為北

▲ 一所小學正在舉辦漢字聽寫大賽。

方話的代表。現代漢民族共同語的標準語在中國內地和香港、澳門稱為普通話，在臺灣稱為國語，在海外華人當中稱為華語。現代漢民族共同語以北京語音為標準音，以北方方言為基礎方言，以典範的現代白話文著作為語法規範。漢語在發展中經歷了古代漢語、近代漢語和現代漢語三個階段。古代漢語是古代用語，其書面語是文言文；現代漢語是近百年來形成的，有口語和書面語兩種形式，兩者表達基本一致。與古代漢語相比，現代漢語更通俗且易理解，便於使用。漢語屬漢藏語系，是世界上使用人數最多的語言，除中國外，還是新加坡的官方語言之一，是聯合國正式語文和工作語文之一。

漢語有自身的特點。從音節結構看，漢語音節結構整齊。漢語音節由聲母和韻母組成。如：

音節	聲母	韻母
dong	d	ong
xi	x	i
nan	n	an
bei	b	ei

漢語每個音節都通過聲調區別其意義。在普通話中，hān（酣）hán（韓）hǎn（喊）hàn（汗），這四個音節的聲母韻母都相同，但由於聲調不同，表示的意義也不同。漢語中還有一些同音字，它們的讀音相同，字形不同，表達的意義和用法也不同。如：「紅」「宏」「虹」，雖然都讀「hóng」，但意義、用法完全不同。這些也是外國人學漢語的難點。

漢語中的詞是由語素構成的。如「國」一詞，由一個語素構成；「宇

宙」一詞，由「字」和「宙」兩個語素構成；「人民幣」一詞，由「人」「民」「幣」三個語素構成；「窈窕」一詞雖然有兩個字，但算一個語素；另外像「巧克力」一詞，有三個字，也算一個語素。

漢語與英語等語言不同，它不追求句子形態變化，注重的是詞序，即詞在語句裡的順序，通過詞序反映語法關係，表達不同意思。如：「我要學」，「要我學」。 漢語是不斷發展的，直至今日。漢語語言發展的總體趨勢是簡化。漢語詞彙發展的一個明顯趨勢是從以單音詞為主，發展到以複音詞為主，而且雙音詞在複音詞中占多數。如：曾—曾經；可—可以；但—但是；賓—賓客、目—眼睛、日—太陽。

任何一個來到中國的外國人都會發現，中國的北方、南方，東部、西部，人們總是操著不同的口語在進行交流，而這些口語在語音、詞彙、語法上存在著一定的差別，有些甚至相差很大，這便是漢語的方言。由於歷史和地理的原因，現代漢語方言可分為七個大區：北方方言，也稱北方話，分佈在長江以北廣大地區；吳方言，也稱江浙話，分佈在江蘇南部和浙江省；贛方言，也稱江西話，分佈在江西大部和湖北局部地區；湘方言，也稱湖南話，主要分佈在湖南；客家方言，也稱客家話，分佈在廣東、廣西、福建、江西、四川等地；閩方言，也稱福建話，分佈在福建、臺灣、海南和廣東部分地區；粵方言，也稱廣東話，分佈在廣東大部和廣西部分地區。

漢字用來記錄漢語已有三千多年的歷史，一直用到今天，沒有中斷過，是世界上最古老的文字之一。

漢字最早被記錄在甲骨上，稱為甲骨文，時間上屬於商代。現共出土了十多萬片，有單字三千五百多個，能認出的約占三分之一。甲骨文是一

漢字字型演變舉例			
甲骨文			
金文			
小篆			
隸書			
楷書	魚	鳥	羊

種象形程度較高的漢字。稍晚於甲骨文的另一種漢字是金文，屬青銅器銘文。秦建立全國性政權後，實行「書同文」，以小篆為標準字，同時還有一種叫隸書的漢字。漢字發展到小篆和隸書階段時，字型和結構發生了很大變化，象形色彩漸少。到東晉時，在隸書的基礎上產生了楷書；後來楷書發展成熟，成為漢字基本字型，直至今日。

漢字與英文等拼音文字不同。英文的基本單位是字母，字母只有音沒有義，而漢字的基本單位是單字，一個個單字既有音又有義，因此漢字是表意文字。英文只有二十六個字母，單詞由字母構成，而漢字由筆畫構成，有的多達幾十畫。

漢字結構雖複雜，較難把握，但主要有四種。一是象形，就是通過描畫事物外形造字。如：魚，像魚形；水，像水形。二是指事，就是在象形符號的基礎上加上抽象符號造字。如：母，在「女」中加兩點，指出哺乳婦女的特徵；卒，在「衣」上加一撇，指士卒穿的有標誌的衣服。三是會意，就是把幾個表意符號組合在一起造字。如：益，像水從器皿中滿溢的樣子，後來寫成「溢」；監，表示用眼睛向有水的器皿裡看，照鏡子，後

來寫成「鑑」。四是形聲，就是把表意的意符和表音的音符結合起來造字。如：鈴，從金令聲，表示鈴鐺；江，從水工聲，表示江河。

　　在世界各種文字中，漢字單字的數量是最多的種類之一。漢字究竟有多少，難以準確統計，有人估計自古至今累計起來應在六萬個以上。但在現代漢語中，常用漢字只有三千五百個，其中最常用的有二千五百個。這一數字與英語日常用詞大體相當，從這個意義上說，學習漢語並不是一件十分困難的事。

無與倫比的文學成就

　　中國文學源遠流長、成就輝煌。中國古代文學以其特有的形式，極大地豐富了人類文明成果。中國古人從不吝嗇自己在文學方面的創造性。在不同的歷史時期創造了詩、詞、曲、賦、散文、駢文、小說、戲劇等各種文學形式，佳作迭出，精彩紛呈。

《詩經》《楚辭》

　　詩是中國古代文學的一種重要形式。中國現存最古老的文學作品《詩

▲ 宋代畫家馬和之根據《詩經》意境畫的詩意畫

經》，是中國文學史上第一部詩歌總集，收录了自西周初年到春秋中葉（約西元前 11 世紀-西元前 6 世紀）約五百年間詩歌創作的精品三〇五篇。這些作品原本是配樂歌唱的，後樂譜失傳，只留下了歌詞。《詩經》分「風」「雅」「頌」三類：「風」是地方歌謠；「雅」多為貴族祈豐年、頌祖德的內容；「頌」是祭祀宗廟的詩歌。《詩經》內容豐富，表現手法多樣，以四言為主。《詩經》中的許多詩篇，尤其是「風」詩，對當時人民勞作、居家、戰爭、宴飲等多樣的生活情景進行了真實、生動的描寫。《詩經》中有這樣一段，描寫一位長期在外征戰的士兵在還鄉途中追述軍中生活及離家的悲苦：「昔我往矣，楊柳依依。今我來思，雨雪霏霏。行道遲遲，載渴載飢。我心傷悲，莫知我哀。」《詩經》中有大量以愛情、婚姻為題材的詩歌，其中一篇描寫一位青年男子對所愛戀姑娘的思念之情：「關關雎鳩，在河之洲。窈窕淑女，君子好逑。參差荇菜，左右流之。窈窕淑女，寤寐求之。求之不得，寤寐思服。悠哉悠哉，輾轉反側。」《詩經》所表現的寫實精神及憂患意識等對後世文學創造影響很大。

晚於《詩經》，戰國後期，南方楚國產生了另一種詩歌形式楚辭。這一文學形式的代表作家是偉大愛國者和詩人屈原，他的代表作品是《離騷》。《離騷》是中國古典文學中最長的抒情詩，反映屈原被放逐期間憂愁激憤、救國無路以及理想難以實現的沉痛心情。《離騷》在藝術上大量採用浪漫主義的表現手法，如「朝飲木蘭之墜露兮，夕餐秋菊之落英……製芰荷以為衣兮，集芙蓉以為裳」，這些成為中國文學浪漫主義的直接源頭。《離騷》中一些富於進取精神的詩句，如「路漫漫其修遠兮，吾將上下而求索」，至今為中國人所吟誦。

唐詩

　　中國古代文學經歷了漢賦（一種押韻的散文）、魏晉南北朝時期駢文（一種講究對偶和詞采的文體）等文體發展後，到唐代出現了詩歌的繁榮，這便是「唐詩」。唐代約三百年間，詩人輩出，詩作無數。清代所編《全唐詩》，收錄二千三百多位詩人，共四萬八千九百多首詩。這些詩的作者身分遍及各領域，有帝王、貴族、官僚、文士，還有和尚、道士、尼姑、歌妓、牧童，等等。唐時詩歌成為普遍的文學形式。

　　中國古詩發展到唐代的一個突出特點就是近體詩的成熟。近體詩分為律詩、排律、絕句三種。五言律詩和七言律詩是律詩中較為普及的兩種。五言律詩和七言律詩每首都只有八句，其中五律每句五個字，共四十字；七律每句七個字，共五十六個字。律詩的第一、二兩句叫做「首聯」，第三、四兩句叫做「頷聯」，第五、六兩句叫做「頸聯」，第七、八兩句叫做「尾聯」。超過八句的律詩，稱為長律或排律。絕句的句子及字數是律詩的一半，五言絕句只有四句二十個字，七言絕句只有四句二十八個字。

　　律詩講究押韻。第一、三、五、七句不入韻，第二、四、六、八句入韻。律詩還講究對仗。上下句對應字所屬詞性要統一，一個語素、兩個語素對應準確，如：「天對地，雲對風，大陸對長空。」對應一首詩的八句中，中間二聯必須對仗工整。律詩還講究平仄。平仄是根據漢語的不同聲調來劃分的，到南北朝時人們已經發現漢語有四個聲調，即平、上、去、入四聲。四個聲調中，第一個聲調被定為平聲，後三個聲調被定為仄聲。在律詩中，平仄聲按照一定的規律交叉使用，使詩讀起來朗朗上口。

《杜少府之任蜀州》

王　勃

城闕輔三秦，風煙望五津。

與君離別意，同是宦遊人。

海內存知己，天涯若比鄰。

無為在歧路，兒女共沾巾。

《黃鶴樓》

崔　顥

昔人已乘黃鶴去，此地空餘黃鶴樓。

黃鶴一去不復返，白雲千載空悠悠。

晴川歷歷漢陽樹，芳草萋萋鸚鵡洲。

日暮鄉關何處是，煙波江上使人愁。

▲ 武漢黃鶴樓風光

《登鸛雀樓》

王之渙

白日依山盡，黃河入海流。

欲窮千里目，更上一層樓。

《早發白帝城》

李　白

朝辭白帝彩雲間，千里江陵一日還。

兩岸猿聲啼不住，輕舟已過萬重山。

　　作為文學作品的中國古詩，創作要求非常高。既要嚴格遵循押韻、對仗、平仄等寫作規則，更要講究詩的意境。中國古人作詩十分注意處理好詩的內意與外意的關係，內意在於通過詩說明事物道理，外意在於通過詩描寫事物現象。兩者達到有機統一，才算是寫出了好詩。這便是「情景交融」。為追求最佳詩境，中國古人在創作時所下的功夫今人難以想像。「語不驚人死不休」「一詩千改心始安」，是古代詩人留下的作詩心得。一位唐代詩人曾這樣表達自己作詩用心之良苦：「二句三年得，一吟淚雙流。知音如不賞，歸臥故山秋。」

　　唐代詩人中，李白、杜甫、白居易是最傑出的代表。李白被譽為「詩仙」。他生活在唐朝最昌盛之時，他的詩兼有豪壯雄渾與清新飄逸之美。他對江西廬山瀑布的描寫，最能體現其豪壯與飄逸的詩歌風格：「日照香爐生紫煙，遙看瀑布掛前川。飛流直下三千尺，疑是銀河落九天。」杜甫在詩歌創作上的成就與李白齊名，有「詩聖」之美稱。杜甫生活在唐朝由

盛轉衰時期，他的詩多為感時憂國之作，具有豐富的社會內容，充滿人文精神。他留下的「朱門酒肉臭，路有凍死骨」、「無邊落木蕭蕭下，不盡長江滾滾來」、「安得廣廈千萬間，大庇天下寒士俱歡顏」等詩句，達到了藝術性與思想性的高度統一。白居易是唐代中期的大詩人。他的一些詩篇敢於揭露批評社會弊端。他的兩首著名長詩《長恨歌》和《琵琶行》，則融敘事與抒情為一體，成為千古傑作，其中的「天長地久有時盡，此恨綿綿無絕期」、「同是天涯淪落人，相逢何必曾相識」等佳句，為後人喜愛和傳誦。

宋詞

從唐朝中期起，與唐詩齊名的另一種文學形式──詞開始興起，並在宋代成為一代之文學，空前繁榮，這就是「宋詞」。詞又稱長短句，是一種依樂譜填詞、講究韻律的抒情詩，每首詞字數固定，由若干長短錯落的句子組成。詞有固定的樂譜曲調，也叫詞調，如《滿江紅》《念奴嬌》《菩薩蠻》等。與詩相似，詞也講究結構、聲律。宋時出現了大批成就突出的詞人，名篇佳作層出不窮，並形成了不同風格與流派。現代人編的《全宋詞》共收入一千三百三十多位詞人的近兩萬首詞。

宋中期以前，詞的風格多追求深婉精緻、含蓄蘊藉，內容也比較狹窄。南唐後主李煜在《虞美人》中是這樣表達自己對故國和往事的思念的：

春花秋月何時了，往事知多少。

小樓昨夜又東風，故國不堪回首月明中。

雕欄玉砌應猶在，只是朱顏改。

問君能有幾多愁，恰似一江春水向東流。

北宋詞人柳永把詞的領域從達官貴人引向了市井都會，他在《雨霖鈴》中表達了一對年輕男女分別時的憂傷情景與心情：

寒蟬淒切，對長亭晚，驟雨初歇。都門帳飲無緒，留戀處，蘭舟催發。執手相看淚眼，竟無語凝噎。念去去千里煙波，暮靄沉沉楚天闊。多情自古傷離別，更那堪冷落清秋節！……

宋代中期，詞的發展出現轉折。帶來這一轉折的是大詩人兼大詞人蘇軾。蘇軾改變了以綺豔婉約為主導的詞風，他「以詩為詞」，把詩的內容題材、情感、理趣、意境、手法引入詞中，使詞的風格趨向多樣化。蘇軾的詞既有抒情婉轉、詞采清麗的一面，又有情調激越、感奮人心的一面。特別是他開創的豪放派詞風，從內容到形式都使人耳目一新。他的一首《念奴嬌・赤壁懷古》，氣勢磅礴，波瀾壯闊，盡顯豪放風格：

大江東去，浪淘盡，千古風流人物。故壘西邊，人道是：三國周郎赤壁。亂石崩雲，驚濤拍岸，捲起千堆雪。江山如畫，一時多少豪傑。 遙想公瑾當年，小喬初嫁了，雄姿英發。羽扇綸巾，談笑間，檣櫓灰飛煙滅。故國神遊，多情應笑我，早生華髮。人生如夢，一尊還酹江月。

蘇軾之後最能體現豪放風格的詞人是辛棄疾。他生活在南宋前期，是一位身負雄才而不能施展的英雄。他用詞來表達自己的思想，氣吞萬里，壯懷激烈。詞史上把他與蘇軾並稱為「蘇辛」。「醉裡挑燈看劍，夢迴吹角連營」「稻花香裡說豐年，聽取蛙聲一片」「眾裡尋他千百度，驀然回首，那人卻在燈火闌珊處」「青山遮不住，畢竟東流去」等等，是他留下的名句。

唐宋時期，是中國詩詞發展的輝煌年代，也是散文創作成果豐碩的時

▲ 長江三峽的壯美風光

期。韓愈、柳宗元為代表的文學家發起「古文運動」，對當時只注重形式而缺少內容的駢文（要求詞句整齊對偶的文體，重視聲韻和諧、詞藻華麗）進行改造，提倡學習秦漢奇句單行為特徵的散文，他們創作的大量優秀的文學作品，把散文提升到了一個嶄新的境界。到了宋代，歐陽修、蘇洵、蘇軾、蘇轍、王安石、曾鞏等，又把散文創作發展到一個新階段。他們便是中國文學發展史上有名的唐宋「八大家」。

元曲

　　元代文學的代表是「元曲」。元曲包括散曲和雜劇兩部分。散曲起源於民間，多來自北方少數民族。散曲也是一種長短句，但比詞更為自由活潑。雜劇是一種用北曲來演唱的戲劇形式。元代著名雜劇作家有關漢卿、

馬致遠、王實甫等，他們的代表作分別是《竇娥冤》《漢宮秋》《西廂記》。《竇娥冤》通過竇娥的悲劇命運揭露了當時吏治的黑暗和社會的不公，關漢卿以其質樸自然的風格和富於表現力的手法，對當時社會進行了批判。以下是《竇娥冤》中竇娥赴刑場時唱的一支曲子，道盡了無奈與悲憤，痛快淋漓：

【滾繡球】有日月朝暮懸，有鬼神掌著生死權。天地也，只合把清濁分辨，可怎生錯看了盜跖顏淵？為善的受貧窮更命短，造惡的享富貴又壽延。天地也，做得個怕硬欺軟，卻原來也這般順水推舟。地也，你不分好歹何為地？天也，你錯勘賢愚枉做天！哎，只落得兩淚漣漣。

明清小說

中國古代社會的後期，也就是明清兩代，各種文學形式繼續發展，但以小說和戲曲最有代表性。小說有長篇、短篇之分。長篇小說都是章回體，每一章回講一定長度的故事，形成情節段落，通篇由多個章回組成，故事首尾整齊。章回小說起源於民間說書，因此都是白話小說，容易理解，便於傳播。明清小說數量頗多，著名的章回小說有羅貫中的《三國演義》、施耐庵的《水滸傳》、無名氏的《金瓶梅》、吳承恩的《西遊記》、吳敬梓的《儒林外史》、曹雪芹的《紅樓夢》等。《三國演義》是一部歷史演義小說，描寫東漢末年和魏、蜀、吳三國爭奪國家統治權的故事，塑造了諸葛亮、關羽、曹操等一批具有獨特性格的人物形象。《水滸傳》是一部英雄傳奇小說，描寫了宋代一批造反人物反奸除暴、見義勇為、慷慨任俠的故事，成功地塑造了一大批性格鮮明的英雄人物。《西遊記》是一部神魔小說，根據唐代高僧玄奘去印度取經的故事創作，充滿神奇瑰麗的

▲ 繪本《紅樓夢》插圖

幻想，並成功地刻畫了美猴王孫悟空這個正義的化身。《金瓶梅》是一部世情小說，描寫宋時西門慶一家暴發和衰落的故事，它在中國小說發展史上有轉折意義，小說創作由此開始出現人文主義、現實主義趨向。《儒林外史》是一部諷刺小說，深入刻畫了在扭曲的科舉制度和禮教下，一批文人、商人和官吏鄉紳的臉譜和醜態。

《紅樓夢》是中國古代文學集大成之作，也是中國古代文學發展的頂峰。作者曹雪芹以其家世為背景，描寫了封建制度下一個貴族家族由盛而衰直至毀滅的故事。《紅樓夢》以前所未有的廣度和深度真實地反映了清代前期的社會面貌和人情世態，充滿人文主義與現實主義關懷。小說塑造了寶玉、黛玉、寶釵、王熙鳳、賈政等眾多有典型意義的人物性格和形

象。曹雪芹把中國歷史上長期積累的傳統文化盡收於這部小說之中，以其豐厚的學識修養，打造出一部文學豐碑，為後人推崇。《紅樓夢》有中國傳統文化百科全書之美譽，細讀一遍，可以大大提高對中國傳統文化的了解。

中國傳統小說和西方小說相比，強調故事性和情節，節奏較快，但人物心理描寫則相對較弱。

▋別樣獨特的藝術風格

　　傳統的中國藝術，無論是書法、繪畫，還是音樂、舞蹈，抑或是建築、園林，與世界上其他文化表現相比，都有著別樣的風格，匯成多彩的中華藝術天地。

書法

　　書法是傳統中國最具特色的藝術形式，體現了東方審美價值。

　　書法作為一種藝術，專門指漢字的書寫藝術，要求立足審美書寫漢字，融入創作者審美情趣、個人氣質，把漢字寫得美，形成風格和特點。

▲ 王羲之《中秋帖》

書法藝術是以漢字為載體的，而漢字的特點是點線組合，複雜多變，可以組成無數不同的形體，這使漢字有了通過書法進行藝術創作的可能。而漢字保留的一定成分的象形性、象徵性、表意性，也為書法家創造一個審美意象提供了條件。漢字的書寫工具是筆、墨、硯、紙，也稱「文房四寶」。其中用獸毛製成的毛筆，既柔軟又吸墨，並且有很強的伸縮性，用它來書寫點線組合的漢字，可以使漢字形體更加複雜多變，形成不同的風格。漢字書法創作有三個基本要素，即筆法（書寫線條要有美感）、間架（字的

筆畫搭配要合理）、佈局（通過藝術構思將許多字組合成整體篇章）。

　　漢字書法起源很早，早在漢字產生的時候人們便注意到圖形線條的變化。甲骨文、金文、篆文、隸書，在形體構架、筆法運用、整體佈局等方面都已呈現不同的特點，表現出不同的美感。從西漢後期開始，人們對書法藝術有了自覺追求。漢代對書法藝術的一大貢獻是創造了章草。章草是一種由草書和隸書相融而成的比較雅緻的草體。中國書法到魏晉時期進入了一個全新時代，楷書和行書誕生，出現了鐘繇、王羲之兩位書法大師。鐘繇被稱為楷書鼻祖。王氏家族在中國書法史上出書法家最多且造詣最深。王羲之及其子王獻之在書法史上被併稱為「二王」，他們將行書藝術推向新階段。王羲之的行書作品以被譽為「天下第一行書」的《蘭亭序》最為著名。這一時期在中國北方還流行一種被稱為「魏碑體」的楷書，書

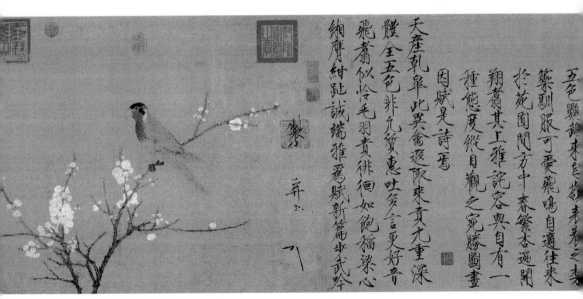

▲ 宋徽宗《五色鸚鵡圖》

刻在石碑上。唐朝出現了歐陽詢、褚遂良、顏真卿、柳公權等書法名家，他們使楷書最終成熟。草書在唐時也有發展，出現了狂草。到宋代時，書法一改過去追求完美地體現法度的審美風尚，代之以更多融入書法家的個人情感和意趣，使書法更加體現藝術品質。蘇軾、黃庭堅、米芾、蔡襄，是北宋時最負盛名的書法家，被稱為「宋四家」。他們的作品大多活潑自然，不拘成法，獨樹一幟，富有個性。元代最有成就的書法家是趙孟頫，他的楷書嚴謹而又秀美，被稱為「趙體」。書法在明清兩代繼續發展，其中最有影響的是明代書法領袖董其昌。他以古為師，以自然為法，在楷書、行書、狂草等書體上均有極高造詣，為後人推崇。明末清初還出現了一批具有浪漫色彩的書法家。他們衝破傳統書法規則限制，創作出奇特浪漫的作品。

中國的書法藝術在西元二至三世紀傳到朝鮮半島。到西元七世紀，朝鮮的漢字書法進入鼎盛時期，出現了大量的書法人才和作品，許多作品保存至今。這個時候，中國書法還從朝鮮半島傳到了日本。到八世紀唐朝時，中日文化交流頻繁，中國書法家的翰墨之秀瀰漫日本。

繪畫

繪畫與書法，是中國傳統文化的雙胞胎。中國傳統繪畫也有著獨特而鮮明的藝術特點，自成體系。

中國繪畫既重寫實又重寫意，重形似更重神似。在表現技藝上，中國繪畫最基本的方法是線條和墨色的運用。筆墨是中國畫的核心。中國畫與西方繪畫的最大不同，是以墨代色。傳統中國繪畫以水墨畫為主。水墨畫主要畫山水、花鳥，兼畫人物。

中國繪畫同樣源遠流長。在秦以前便有了帛畫、壁畫、漆畫等多種繪畫。到魏晉南北朝時，繪畫開始追求獨立的審美價值，大批人物畫、山水畫出現，並形成了較系統的繪畫理論。隋唐時中國傳統繪畫走向繁榮。展子虔既善於畫馬又善山水，閻立本、吳道子等善人物畫，李思訓、王維等善山水畫，薛稷等善花鳥畫。唐時開始出現用水墨渲染來代替青綠描繪，這便是水墨畫，並在晚唐後逐步發展成了中國畫的主流。從五代到宋，人物、花鳥和山水繪畫大發展。荊浩、關仝、董源、巨然是五代時著名山水畫家。宋代畫家李公麟創造了白描手法，把人物畫創作推向一個新境界，傳為他所作的《維摩詰圖》，是一幅人物白描精品。宋徽宗趙佶善畫花鳥，《桃鳩圖》等是其最為有名的傳世作品。宋人的水墨梅竹畫有很高的

▲ 宋代畫家蘇漢臣的《秋庭戲嬰圖》

成就，文同的《墨竹圖》、蘇軾的《枯木怪石圖》，流傳至今。宋代的水墨山水畫也有很大發展，以米芾、米友仁父子為代表。「米家山水」以潑墨、破墨、積墨法作畫，大大豐富了水墨渲染法。元代以後，繪畫較前代發生了變化，文人畫占了主導地位，文人畫家多集詩人、書法家於一身，出現了詩、書、畫融會趨勢。黃公望、王蒙、倪瓚、吳鎮為元代最著名畫家，號稱「元四家」。明清兩代中國繪畫特別是水墨畫的發展更注重總體表現力。晚明書畫大師董其昌，博采前人之長，形成清潤明秀畫風，對清代繪畫產生重要影響。清代繪畫以「四王」（王時敏、王鑑、王翬、王原祁）、「四僧」（石濤、八大山人、弘仁、石溪，四人均出家為僧）和「揚州八怪」（清雍正、乾隆年間活躍在揚州地區的一批書畫家，鄭板橋即是其中之一）最有成就。「四王」是水墨畫領域的正統派，功力深厚，其作品追求秀逸、文雅、安閒。「四僧」是反傳統派，強調獨創，反對泥古不化。「揚州八怪」既繼承傳統，又重視生活感受，張揚個性，在他們的水墨畫中，詩、書、畫、印得以完美結合，對中國近、現代繪畫影響巨大。

音樂舞蹈

中國傳統音樂舞蹈有著悠久的歷史，與西方音樂舞蹈相比，有著明顯不同的東方文化特色。

據史料記載，早在西周時期，中國人使用的樂器就多達七十餘種。那時，按製作材料的不同，把樂器分為金、石、木、革、土、絲、竹、匏八類，這便是「八音」。一九七八年，在湖北的戰國時期曾侯乙墓發掘過程中，發現了一百二十四件樂器，展示了中國古代燦爛的音樂文明。其中出土的編鐘，製作精美，音域寬達五個八度，能演奏七聲音階的樂曲。漢朝

▲ 五代南唐畫家顧閎中所繪《韓熙載夜宴圖》（局部）

和唐朝時期，樂器不斷發展，至今流行的一些樂器，如琵琶、二胡、月琴、三弦等，就是那時由中亞等地區傳入中原並經改造而成為主要樂器的。中國古代宮廷音樂發達，從業人數眾多。據史書記載，唐代繁榮時在宮廷從事音樂工作的人員達數萬人，並有專門的音樂機構，負責管理演出人員，並進行音樂整理、研究、創作工作。

中國傳統舞蹈最初來源於圖騰、巫術、祭祀等活動中的表演，後與音樂一起組成了「樂舞」。西周時，中國有了專門以歌舞為業的女子「伎」，並相應產生了伎樂舞蹈，這種舞蹈在漢代時已達到相當高水平。伎樂舞蹈在很長一個時期內居於中國古代舞蹈的主流地位，表演這種舞蹈的人受過專門訓練，這就使中國古代的舞蹈藝術水平不斷得到提高。到唐代時，代表舞蹈藝術最高水平的是由樂舞伎人表演的宴樂歌舞，其中的歌舞大曲是

一種集器樂、舞蹈、歌曲於一體的大型表演藝術，所表演的曲目眾多。宋代時，又形成一種獨特的舞蹈表演形式──隊舞。這種舞蹈表演人數眾多，每人有明確的角色分工，表演有比較固定的程式，並集歌唱、舞蹈、朗誦、對話等藝術手法於一體，各種手法穿插表演，是一種綜合藝術形式。

雕塑

雕塑藝術在中國傳統藝術中居於重要位置。它與希臘、埃及、羅馬等文明古國雕塑藝術有很大的不同，反映出東方文化特點。

中華文明的起源與雕塑密不可分。在新石器時代以後，中國便有了豐

▲ 秦始皇陵兵馬俑

富燦爛的雕塑藝術。起初是陶塑藝術。商周時期的青銅器，體現了高超的雕塑技藝。秦漢以後，中國雕塑藝術不斷發展，並在陵墓雕塑、石窟雕塑和佛寺道觀雕塑等領域留下大量藝術精品。中國傳統雕塑技藝在發展中吸收、融匯了外來藝術手法，形成了自己的民族特色。一九七四年，陝西臨潼縣發現的後來被稱為世界八大奇蹟之一的「秦始皇兵馬俑」，是秦始皇陵墓隨葬大型陶製兵馬武士俑群，數量多，規模宏大，而且單個的兵馬雕得高大粗壯、威武有力，形象各異，面部表情各有特點。秦以後歷代帝王的陵寢都有較高藝術價值的雕塑作品。佛教進入中國後，佛教造像在中國逐步興盛起來，並同中國的傳統雕塑藝術相結合，形成新的雕塑風格。佛教造像的一大部分是石窟雕塑，以位於山西大同附近的雲岡石窟、河南洛陽附近的龍門石窟、甘肅西部的敦煌莫高窟、甘肅天水附近的麥積山石窟等最為有名。這些佛像造型優美，氣質不凡，藝術表現出神入化，風格各異，具有很高藝術價值。在中國各地的寺廟中，歷史上也留下了很多佛、菩薩、羅漢的雕像，其中不乏藝術精品。

園林

中國古代園林通過追求自然山水之美表現人文精神，體現了傳統的「天人合一」思想。

中國園林有兩個系統，一個是皇家園林，一個是私家園林。經過漫長的歷史發展，這兩個系統在明清兩代達到繁榮的頂點。明朝遷都北京後，加強了對皇家園林的營造。除皇宮內部的御花園外，主要是皇宮西側的北海、中海、南海，又稱「三海」。三海水面狹長，佈局自然舒展，與宏偉莊嚴的皇宮建築群形成鮮明對照。站在三海景觀中心的瓊華島上舉目四

望，三海、故宮、景山及遠處的群山起伏跌宕，層次分明，蔚為大觀，盡顯皇家氣勢與風度。清在明基礎上改建了「三海」，並在北京西部新建了幾個皇家園林，其中規模最大的是圓明園，力圖將天下美景盡收其中。清還在河北承德修建了占地面積達五百六十公頃的避暑山莊，其特點是保持山林的自然形態，在一片林海中穿插佈置一些小建築，營造出一個幽靜的境界。

在皇家建造園林的同時，一些官僚、富商、名流、士紳等也著手建造自己的私家園林。私家園林在中國漢代已出現，到魏晉南北朝時私家園林開始以自然山水作為景觀的中心。唐代名城洛陽有以自然景觀為主的私家園林千餘家，具有清雅、幽靜的風格。到宋時，私家造園已採用借景、對景等手法，並出現賞石之風。明清兩代是中國私家園林的全盛時期，這些

▲ 春日的北京頤和園，桃花、迎春花盛開，爭奇鬥豔，美不勝收。

▲ 蘇州拙政園

園林主要集中在北京、南京、蘇州、揚州、杭州、無錫等地。北京城內私家園林最多時有一百五十多處，半畝園、一畝園、萃錦園、清華園是其代表；蘇州有二百七十多處，拙政園、留園、獅子林、滄浪亭是其代表。這些園林的特點是住宅與園林的結合，在住宅內增加生活內容，向居住化發展，而且文化品位不斷提升，形成山池、花木、建築、雕刻、書法、繪畫、手工技藝等各種藝術的綜合體。作為中國古典私家園林代表的蘇州園林，是文化與生活相結合的精品。蘇州園林利用有限空間，巧妙地將人與自然統一起來，以小見大，鬧中取幽，打造出人間閒地，表現出很高的藝術審美趣味。

豐富多彩的社會生活

　　衣、食、住、行，生、老、病、死，以及各種風俗、習慣等，是社會生活的基本內容，也反映著一個國家和民族的文明水平。受儒家思想文化的影響，中國古代先民非常重視社會生活，注重提高生命質量，使人生充滿樂趣和幸福。

婚姻文化

　　夏商時期，中國婚制即以一夫一妻制為主，但在貴族中普遍存在一夫多妻現象。秦漢時，中國傳統的婚姻模式定型，嚴格遵行「同姓不婚」的

▲ 福建平潭，一位洋新郎為他的中國妻子揭開蓋頭。

原則，除皇室及一些貴族和有身分的人存在一夫多妻現象外，平民家庭基本是一夫一妻制。中國傳統文化認為，男大當婚，女大當嫁，婚姻是一種自然現象，同時對每個人又都是一件大事。中國人通常把婚姻幸福與事業有成視為人生兩件大事，叫做「成家立業」。男女一旦成婚，就應彼此恩愛，百年和好，承擔各自的義務和責任。中國傳統婚禮十分複雜，講究程式，共分成六個不同階段，又稱「六禮」，即：採納，是男方請媒人提親後、女方同意議婚、男方再備禮去女家求婚的儀式，禮物是雁（近代以後用家鵝或木刻的雁）；問名，是請媒人問女方姓名和出生時辰（中國傳統稱「八字」，通過占卜男女生辰八字，推算男女二人成婚是否吉祥）準備合婚的儀式；納吉，是把問名後占卜合婚的好結果通知女方的儀式，要送聘禮，如首飾、綢緞等，作為婚事已定的信物，此種儀式後世稱為「訂盟」，現稱「訂婚」；納徵，是訂盟之後男方將聘禮送往女家、進入成婚階段的重要儀式，又稱「完聘」，禮品裝箱並伴鼓樂送往女家；請期，是婚前去女家商定結婚日期時舉行的儀式，確定婚期的規矩是男定月，女定日，俗稱「提日子」或「送日頭」，以避開女方經期；親迎，是新婿親往女家迎娶新娘的儀式，為古代婚禮最主要內容，過程複雜。傳統婚禮儀式在不同的歷史階段，又有不同的發展變化。

飲食文化

中國飲食文化歷史悠久，內容豐富，享譽全球。中國古代農業文明發達，為飲食文化的發展創造了條件。在夏商時期，中國的飲食用器已形成炊器、飲器、食器三大類，其中夏代多為陶器，商代多為青銅器。西周時中國的飲食文化已經形成，體現出深厚的禮儀特徵。春秋戰國時期，漆器

▲ 二〇一三年十一月十二日晚，紐約聯合國總部，由中國烹飪協會主辦的「中國美食走進
聯合國」活動中，各國外交官體驗中國美食製作。

開始取代青銅器，被廣泛用到日常生活之中。漆器製作精美，使用方便，
提高了飲食生活水平。魏晉南北朝時，中國菜餚的九大主味：酸、甜、
苦、辣、鹹、鮮、香、麻、淡等，都已具備。隋唐時，人們日常生活食用
的蔬菜已達數十種，飲食更加講究品味。宋代飲食文化大發展，首都汴京
是南北飲食技術的交流中心，食品名目繁多，瓷器作為飲食器具也得到廣
泛使用。明清兩代，南方的糧食主要是稻米，北方則以麥為主。玉米、蕃
薯也由美洲傳入。清時，中國古代飲食文化達到頂點，形成了蘇、魯、
川、粵四大菜系。清代飲食文化的代表是滿漢全席，由滿點和漢菜組成，
山珍海味，水陸雜陳，應有盡有。中國古代，平民的飲食習慣是，冬季每
日兩餐，夏季每日三餐，農閒時稀，農忙時乾。

酒文化

酒在各國文化中都占有一定地位。在中國,酒文化內容豐富,積澱深厚。中國最早出現的酒是果酒,可上溯到石器時代。作為農業文明最發達的國家,中國先民懂得用穀物釀酒距今已有五千多年的歷史。西漢後,中國內地有了葡萄酒。唐代以前由穀物釀造的酒以黃酒為主,這種酒通常酒精度不高。宋代以後有了燒酒,這種酒酒精度較高,經過蒸餾工藝而成,可以燃燒,故名燒酒。中國古代還有一種酒叫藥酒,在酒中加入中草藥用來治病。啤酒是近代以後由西方傳入中國的。在夏商周時代,上層多有嗜酒者,但酒在那時主要用於祭祀,然後才是人來享用。酒文化豐富了中國文化的內涵。酒壯英雄膽。酒能使人衝動,產生豪情,意氣風發,中國歷史上留下了許多對酒當歌、舉杯誓盟、醉臥沙場的動人故事。酒濃情更濃。中國人每逢喜事、吉事,每當歡聚時、分別時、高興時、失意時,總要舉杯抒發感情。中國古人留下了許多與酒有關的美妙詩句和名言,如「勸君更盡一杯酒」「酒逢知己千杯少」「莫使金樽空對月」「李白斗酒詩百篇」等。

茶文化

中國是茶的故鄉。與酒文化不同,中國的茶文化突出的不是濃,而是淡。茶最早產生於中國西南的雲貴高原,在西漢時經四川盆地沿長江東下。長江流域的土壤和氣候,很適合種茶。魏晉時期,玄學大興,講究清淡,飲茶之風隨之盛行,有身分的人要以茶待客。與茶最早結緣的是一些文士、雅士、隱士和僧人,這些人的特點是「逸」和「閒」。唐朝時,《茶經》一書問世,風靡一時,世人皆知茶,中國茶文化體系由此形成。唐時

▲ 北京老舍茶館，工作人員指導外國友人現場體驗用百年古樹普洱製作茶餅。

的茶文化認為，清是茶的核心。清就是一種精神和人格，而清與醒是統一的。因此，茶文化蘊涵著對清醒與理智的追求。到宋代時，茶在走向宮廷的同時也走向平民，盛行「玩茶」「鬥茶」之風。明清兩代，茶文化繼續發展。明代士人重操守，以茶雅志，以茶礪節，以茶砥行，品一盞清茶，味生民苦澀。清時許多文人在茶中尋求開釋與抒懷，於茶中靜心斂氣，求得內心的平衡，正是「齋門長閉客自稀，一盞清茗日相親」。茶是飲品，但在中國傳統文化中，品茶不同於喝茶，品茶已上升到精神文化層面。「品」是鑑賞、玩味、評說。品茶有色、香、味之說。色尚綠，香尚淡，味尚中。品茶時，所用之茶須名茶，如西湖龍井、碧螺春、大紅袍、君山銀針等；所用之水要好，山水為上，江水為中，井水為下；所用之器須可用，同時要可賞、可鑑、可玩、可藏；品茶的環境要講究，須清新、安

靜、乾淨。

居住文化

　　中國古代的居住文化主要有四大類型，即干欄式建築、地穴式建築、屋宇式建築和帳篷式建築。干欄式建築屬上古時期南方的一種巢居方式。這種建築的優點是具有一定的防衛能力，且注意到衛生問題，使居室與地面隔開。地穴式建築是北方原始時期的建築形式。這種建築是在地下挖洞，以洞為居。中國北方地區土層深厚，直立性強，含水量少，有利於窯洞開挖。這樣的窯洞經濟簡便，冬暖夏涼，適合居住。取代地穴式建築的是屋宇式建築。這種建築的出現使中國北方先民的居住由地下到了地上，

▲ 北京一家四合院樣式的旅遊酒店

具有明顯的農耕文化特徵。屋宇式建築使用版築法立牆，最大特點是冬暖夏涼，通風、採光良好，出入方便，牆體堅硬結實。為解決這種建築的冬季禦寒問題，中國北方地區發明了土炕。帳篷式建築是中國北方游牧民族創造的一種適合游牧生產需要的民居形式。四合院是一種非常古老而又延續至今的建築形式，在中國的北方、南方各有不同風格。北京的四合院以其獨特的建築風格和營建方式，成為中國北方四合式民居建築的代表。中國人很早就重視建築的選址，並在秦漢時期形成了相地術，俗稱「看風水」，從事此行業的人被稱為「風水先生」。所謂風水，就是對住宅周邊氣候、地貌、地質、生態、景觀等各種建築環境進行綜合評估。相地術又分相陽宅和相陰宅，相陽宅是為生者選居址，相陰宅是為死者選墓地。

服飾文化

從樹葉、樹皮到獸皮，再到手工紡織材料，在漫長的歷史發展中人類服飾不斷進步。與服飾相配套的鞋靴、繪繡、冠帽以及各種飾物、髮型相繼出現，而且根據不同場合、不同季節穿不同服飾，這便形成了服飾文化。夏商周時期，服飾的裝飾功能突出，出現了與等級制度相適應的服飾制度。西周的服飾通過質地、形狀、尺寸、顏色、花紋來表現等級貴賤之別，國王、諸侯、卿大夫的禮服有嚴格的等級規定。秦漢時，服飾文化趨向統一，人們普遍穿上衣下裳連在一起的「深衣」。魏晉南北朝時，講究服飾之美，體衣（上下衣）、頭衣（冠帽）、足衣（鞋襪）成為人們典型的裝飾式樣。隋唐時期的服飾有官服和民服、男服和女服之分。官服等級森嚴，皇帝、太子、百官著服各有不同，顏色也不同。唐代女裝大都由衫、裙、帔三大件組成，上身穿衫，裙子肥大以至掩地，帔披在肩上，飄

▲ 《韓熙載夜宴圖》中穿唐式襦裙、披帛的婦女

垂在腰間。宋代婦女的服裝一般上穿衫，下著裙，石榴裙在當時最為流行。北宋末，貴族婦女開始流行纏腳習俗。清時，強令漢人剃髮改衣冠，服飾發生重大變化，最終形成既有滿族民族特色、又有漢族傳統等級標誌的服飾制度。長袍馬褂是清時男子的典型裝束。漢族女裝與前代相同，滿族女服為旗袍。漢族婦女多纏足，滿族婦女不纏。

中國主要傳統節日舉例

日期	節日	活動
農曆正月初一	春節	一年中的第一天，也稱歲首，中國傳統第一大節。人人穿上新衣，互相祝賀，或到親友家中拜年。拜祭祖先，全家吃團圓飯。放煙花，舞獅龍，充滿節日氣氛。
農曆正月十五	元宵節	新的一年第一個月圓日。吃湯圓，寓意團圓。掛綵燈，猜燈謎，踩高蹺，扭秧歌。
農曆二月初二	龍頭節 又名二月二	祭祀龍神，祈求風調雨順、五穀豐登
西曆四月五日或前後一天	清明節	在春季的後期，此時萬物皆潔齊清明。到郊外飲酒賦詩，彈吹歌舞，放風箏。掃墓祭祖是當天的一項主要活動。
農曆五月初五	端午節 又稱端陽節、重午節等	傳說為了紀念偉大的愛國詩人屈原。家家吃粽子，插菖蒲艾葉，喝雄黃酒，舉辦賽龍舟活動。
農曆七月初七	七夕 又名乞巧節	傳說天上的牛郎、織女二星在此夜借鵲橋相會。婦女擺香案、供瓜果，穿針引線，向織女乞求智巧。
農曆八月十五	中秋節	秋季傳統的重大節日，地位僅次於春節。中秋為花好月圓之時，人們由天上的月圓聯想到人間的團圓。家家團聚，吃月餅，賞月、賞燈、猜謎，擺設各種瓜果拜月。
農曆九月初九	重陽節	人們在這天登高、賞菊、插茱萸。後演變成老人節。
農曆十二月三十或二十九	除夕	舊歲之終、新歲來臨之前夜。中國人一年一度的文化心結，一家團聚，貼對聯、貼門神、貼年畫，拜祖先，吃年夜飯，在爆竹聲中辭舊迎新。長輩給晚輩壓歲錢。除夕之夜有的人整夜不睡，稱作守歲。

第五章

帝國的終結與建立近代化國家

自西元前二世紀以來一直處於世界領先地位的中華帝國，到一八四○年以後，呈現出「三千年未有之大變局」。

十九世紀中葉以後，在西方國家的堅船利炮面前，中華帝國淪為列強宰割瓜分的對象。此後，先進的中國人開始尋找救國救民真理，探索中國的近代化發展道路，經歷了從技術上向西方學習的辦洋務，從制度上向西方學習的體制改良和革命，從思想上向西方學習的文化革命運動，直至中國共產黨領導的新民主主義革命。經過一百多年的不懈奮鬥，中國終於走上了新的發展道路。

清帝國的封閉與衰落

十七至十九世紀，世界正發生著深刻變革。英國通過「光榮革命」和工業革命率先進入近代國家，法國通過大革命走上共和道路，美國通過獨立戰爭和南北戰爭使國家強大起來，德國通過統一和推行工業化而走上崛起之路，俄國和日本也通過向西方國家學習逐步進入近代國家行列。而與此形成鮮明對照的是，經過一百多年的鼎盛期，清朝逐步走向衰落。

排斥外來文明。一八四〇年鴉片戰爭前，清政府自視為「天朝」，是天下最大的也是最強的國家，所有外國都是「朝貢國」，只能向中國稱

▲ 清末年畫《各國慶壽圖》。一九〇三年，多年垂簾聽政的慈禧太后七十壽辰，各國使節前來賀壽。

臣，向中國學習，不能與中國並列。十八世紀乾隆時期，正值西方推進工業革命和建立近代國家制度之時，世界格局正在發生重大變化，而這位皇帝對外界發生的一切全然不予理睬。一七九三年，乾隆皇帝在接見英國使臣時，仍傲慢地吹噓：「天朝統御萬國」，「天朝撫有四海」，「天朝物產豐盈，無所不有，原不藉外夷之物以通有無」等，沉浸在「天朝上國」的虛幻之中。同時，儘管古代中國有「四大發明」，但以儒家思想為核心的中國傳統文化，注重的是「修身、齊家、治國、平天下」，不重視發明創造，甚至認為那些有利於提高生產技術的手段只是奇技淫巧。因此，當一些西方傳教士將鐘錶、槍枝等帶到中國時，多數清政府官員只將其視為觀賞之物，而不研究學習。

採取閉關鎖國政策。雖然鄭和船隊早於西方探險家幾十年即開始遠洋活動，但中國的明朝統治集團並沒有把此舉作為發展對外關係的一項長期政策延續下去。相反，統治集團以防止海盜騷擾和他國侵擾為由，採取了「禁海」措施，嚴格限制通過海上與外部世界發生關係。這使得中國喪失了一次與外部世界發展關係的極好機會。自十六世紀起，中國幾乎中斷了與外界的海上貿易，而此時正是葡萄牙、西班牙、荷蘭等國開拓海外市場的時候。清朝執行了比明朝更為嚴厲的禁海政策，禁止民間商船出海貿易。到十九世紀清朝中期，禁海政策愈演愈烈，政府逐步收縮通商口岸，從福建、廣東、江蘇、浙江四省減少到廣東一省，從大小百個左右通商口岸減少到廣州一個口岸。外國商人在廣州的經商活動也被嚴格限制，他們必須住在廣州城外的商館，通過中介才能進行貿易。但限制海上貿易的政策非但沒有起到抵制侵略的作用，反而使中國失去對外貿易的主動權和機會，極大地限制了中國人的視野，拉大了中國與世界的距離。

▲ 清時全家都參與經營的傳統小店

推行文化專制主義。帝王政治本身就是一種文化專制，推行愚民政策。清朝時這種文化專制達到頂點。十七世紀中葉，清廷宣佈禁止學者創立書院，糾眾結社，並禁止言論與出版的自由。民間只准出版與科舉有關的書籍，嚴禁出版「瑣語淫詞」「窗藝社稿」，違者從重治罪，企圖以此達到禁錮思想的目的。為加強文化控制，清廷規定，講解儒家經典必須以宋儒朱熹的詮釋範本為依據。科舉考試必須按照宋儒的傳注，寫作教條的、死板的八股文。特別令人望而生畏的是，清中期還大興「文字獄」，以隻言片語定罪，甚至置人於死地。康熙時，有一個叫戴名世的人寫了一部名為《南山集》的書，因其中有「反清」思想，清廷嚴厲鎮壓，戴名世被處斬，他的祖孫三代直系、旁系親屬，年齡在十六歲以上的，全部斬首，其他受株連的有幾百人。

如同人們對羅馬帝國為什麼最終衰落表現出濃厚興趣，中華帝國為什麼到近代以後走向衰落，沒能在世界上繼續領先，也是人們感興趣的話題。答案自然有許多，但以下幾點是人們普遍認識到的。

　　小農經濟束縛生產力發展是一個根本原因。中國古代文明是典型的農業文明，它以地主的土地所有制為經濟基礎，以自給自足的自然經濟為主要形式。農民從地主那裡得到土地耕種，向地主繳納地租。為解決生計，農民們在從事農業生產的同時，又必須從事家庭手工業勞動。這種以家庭為單位的生產組織以及小農業和小手工業緊密結合的自給自足的小農經濟，可在一定時期緩解社會矛盾並維持在低水平上發展。但在根本上，這種土地地主所有、經營條塊分割和生產各自為戰的局面，不利於社會分工的優化、生產規模的擴大和生產技術水平的提高。小農經濟導致人們在思想上保守有餘，進取不足。

　　君主專制制度的長期存在是一個重要原因。在一定時期，中央集權的君主專制制度對社會發展有促進作用，但這種制度的弊端又是十分明顯的，其長期存在必然嚴重阻礙社會發展進步。在世界各國中，中國古代君主專制制度持續的時間可以說是最長的。分散的、一家一戶的、自給自足的小農經濟是君主專制制度長期存在的廣闊沃土。同時，儒家思想文化產生於小農經濟社會，是君主專制制度的精神支柱。一個值得注意的現象是，秦朝以後中國歷朝歷代都湧現出許多思想家，但他們絕大多數不是另立學派，而是致力於對儒家思想文化的闡發，為君主專制制度服務。此外，與專制制度相適應的權力體制十分完備，並在清朝時發展到了頂峰，這一制度以皇帝為中心，在中央和地方形成一套完整嚴密的龐大官僚體系。專制制度的長期存在使每個個體不能得到充分發展，全社會缺乏創造

▲ 這幅宋代繪畫描繪了當時收割水稻的情景。

性和進取精神，導致發展滯後。

　　推行重農抑商政策是一個直接原因。沒有商業和市場的發展，就不會有競爭和創造性。中國有句俗語說：民以食為天，食以糧為源。由於人口眾多（尤其是到清時，中國人口增長很快，一七五〇年達二點五億，一八〇〇年超過三億，一八五〇年時更達到四點三億），在中國古代，農業歷來都被視為立國的根本，而商業則被視為枝末，只是補充，甚至可有可無。在傳統中國，商人的社會地位相當低，長期受到鄙視。一位終身務農的人，會被認為是良民，而一位從事商業經營活動的人，則會被認為是奸商（指從事買賣活動有欺詐性）。歷朝歷代大都採取抑商政策，常以官辦

的方式壟斷鹽、鐵、酒等行業，甚至將運輸業、手工業等也限由官營，結果民間商業始終只能在夾縫中生長，舉步維艱。重農抑商政策導致中國的商品經濟長期得不到充分發展，資本、技術、人才等都不能得到較好運用。這也是中國社會發展與西方的最大不同點之一。

▍鴉片帶來的無窮災難

鴉片，本是從一種植物中提取的毒品。久吸鴉片，不僅成癮，而且嚴重危害身體健康，使人喪失勞動能力，甚至死亡。這種毒品與近代中國的命運息息相關。中國歷史的發展因鴉片而發生轉折，中國與外部世界的關係因鴉片而發生變化。鴉片引發了中國與英國等西方國家的戰爭，因戰爭戰敗，向西方國家割地賠款，中國逐步淪為半殖民地半封建社會。

向海外進行殖民擴張，是地理大發現後西方列強走的一條共同道路。首先向中國進行殖民擴張的是英國，利用的工具便是鴉片。一八四〇年鴉片戰爭前的數十年間，如果按中英正常貿易計算，中國一直處於出超的有

▲ 清時吸食鴉片者

利地位。當時，由中國輸往英國的貨物主要是茶葉、生絲等，由英國輸入中國的貨物主要是毛織品和金屬品。英國商人為更多地掠奪中國財物，牟取暴利，竟通過非法渠道向中國大量走私鴉片。

從十八世紀初開始，英國商人便向中國輸入鴉片，開始了罪惡的毒品貿易。從十九世紀三〇年代起，在英國輸入中國的貨物中，鴉片一項竟占一半以上，且數量逐年增加。一八二三年為 9035 箱（每箱裝有約 65 公斤毒品），一八三〇年為 19956 箱，一八三六年約為 30000 箱，一八三八年約為 40000 箱。據估計，一八三五年時，全國吸食鴉片的人數在二百萬以上，隨著鴉片進口的增多，吸食人數不斷增長。

鴉片的嚴重氾濫極大地破壞了中國社會經濟的發展，損害了人民身體健康，引起了清政府的高度關注。道光皇帝任命林則徐為欽差大臣，前往位於南方的對外貿易中心城市廣州查禁鴉片。林則徐當時是這樣表達他的查禁決心的：「若鴉片一日未絕，本大臣一日不回，誓與此事相始終，斷無中止之理。」在地方政府和人民的支持下，一八三九年六月二十五日，林則徐將從煙販手中繳獲的鴉片在虎門海灘當眾銷毀。這便是中國近代歷史上有名的「虎門銷煙」。

中國正義的禁煙鬥爭引起英國的強烈不滿。英國商人們要求政府立即發動對華戰爭，用武力迫使中國政府接受他們的條件，打開廣闊的中國市場。一八四〇年四月，英國議會通過了發動對華戰爭決議案，悍然派兵侵略中國。這就是第一次鴉片戰爭，戰爭以清帝國的失敗而告終。一八四二年八月二十九日，在長江下游城市江蘇南京，清政府代表與英國政府代表簽訂了近代中國歷史上第一個不平等條約——《南京條約》。通過這個條約，英國從中國取得了許多權利：中國將香港島割讓給英國（直到 1997

▲ 圓明園大水法遺跡

年被中國收回）；中國開放廣州、福州、廈門、寧波、上海五處港口為通
商口岸；中國向英國賠款白銀二千一百萬兩（相當於清政府全年財政收入
的三分之一）；等等。英國還通過與清政府簽訂的《虎門條約》，取得了
在中國的領事裁判權、片面最惠國待遇、居住和租地權等權利。此後，美
國、法國等國也通過與清政府簽訂不平等條約得到了與英國相同的權利。

　　鴉片戰爭是近代中國與西方國家的第一次戰爭，也是近代中國歷史的
開端。此後的一百多年間，中國陷入落後挨打的境地，戰爭、割地、賠
款，接連不斷，以下是其中主要幾次：

　　——一八五六年，第二次鴉片戰爭。英國、法國為進一步打開中國市
場，又一次發動侵略戰爭，中國再次戰敗。英法兩國聯軍攻入北京，占領

圓明園，大肆搶掠，並縱火焚燬。一八五八年六月，中國被迫與英、法分別簽訂中英《天津條約》和中法《天津條約》，主要內容有：外國公使常駐北京；增開今天的營口、煙臺、臺南、淡水、汕頭、瓊州、漢口、九江、南京、鎮江十處港口為通商口岸；對英賠款白銀四百萬兩，對法賠款白銀二百萬兩。此後，中國還與美國、俄國簽訂中美《天津條約》和中俄《天津條約》，美國、俄國得到了與英國、法國在華同樣的利益。

——一八九四年，中日甲午戰爭。發動這次侵華戰爭的不是西方國家，而是中國的近鄰日本，中國又一次戰敗。按中國傳統紀年，這一年是夏曆（或農曆）甲午年，故稱甲午戰爭。戰爭發生在中國北部黃海，是近代歷史上少有的一次大規模海戰。這次戰爭中，清政府苦心經營多年並具世界先進水平的北洋艦隊幾乎全軍覆沒。對日本來說，這是它經過一八六八年明治維新走上新的發展道路後的一次重要對外擴張行動，也是這個歷史上曾長期向中國學習的近鄰島國第一次戰勝中國，中國舉國上下為之震

▲ 八國聯軍入侵北京（繪畫作品）

驚。一八九五年四月，在日本馬關，清政府代表被迫與日本簽訂中日《馬關條約》。條約規定：中國割讓遼東半島、臺灣全島及所有附屬各島嶼和澎湖列島給日本（此後日本對臺灣進行了半個世紀的殖民統治，直到一九四五年中國人民取得抗日戰爭勝利才收回）；賠償日本軍費二億兩白銀（相當於當時中國年財政收入的三倍，日本年財政收入的四倍）；增開今天的沙市、重慶、蘇州、杭州四個通商口岸；允許日本人在中國通商口岸開設工廠。《馬關條約》使中國的半殖民地化程度進一步加深。

——一九〇〇年，八國聯軍侵華戰爭。俄國、英國、美國、日本、德國、法國、意大利、奧匈帝國等八國為維護和擴大在中國的利益，發動了這場戰爭，戰爭還是以中國失敗而告終。此次戰爭，八國共動用兵力約十萬，不僅攻占了天津等北方重要城市和地區，還占領了北京，迫使清政府逃往西安。八國聯軍在北京等地恣意屠殺，搶劫財物，焚燒房屋，致使百姓流離失所，災難深重，中國大量典章文物、國寶奇珍慘遭洗劫。一九〇一年九月，清政府代表與八國聯軍各國及西班牙、比利時、荷蘭共十一國代表正式訂立了中外條約。因這一年是中國農曆辛丑年，該條約又被稱為《辛丑條約》。條約內容涉及中國賠款，在北京設立「使館區」並在使館區內駐紮軍隊，准許外國派兵駐守從北京到山海關鐵路沿線十二個戰略要地，永遠禁止中國人成立具有反對外國人性質的組織，以及將辦理對外事務的總理各國事務衙門改為外務部等。《辛丑條約》進一步加強了西方列強在中國的勢力和影響。條約規定：清政府向各國賠款白銀四點五億兩，以關稅、鹽稅等作擔保，分三十九年還清。加上年息四釐，本息共計九點八二億兩。這就是習慣上所稱的「庚子賠款」（八國聯軍發動戰爭的一九〇〇年是中國夏曆庚子年），是西方列強侵略中國以來索要數額最大的一

▲ 「九一八事變」中，日軍在瀋陽城牆上向中國軍隊發動進攻。

筆賠款，清政府的財政由此陷於枯竭，並極大地加重了中國人民的負擔。

——二十世紀三○至四○年代，日本發動全面侵華戰爭。一九三一年九月十八日，日本駐中國東北軍隊發動攻擊瀋陽城的「九一八事變」，並在幾個月時間內占領東北遼寧、吉林、黑龍江三省。一九三七年七月七日，日本侵略者以士兵失蹤為由，在北京城外製造盧溝橋事變，發動全面侵華戰爭，中國大片國土淪陷，人民慘遭浩劫，中華民族面臨滅頂之災。日本法西斯侵 略者每占領一地，便採取各種野蠻殘暴手段，極盡燒殺、搶掠、姦淫之能事。日本侵略者在中國推行殖民統治政策，扶植傀儡政權，實行移民開發，展開文化侵略，掠奪資源財富。中國人民沒有屈服，而是同仇敵愾，團結一致，共同對外。中國共產黨和中國國民黨以及各種愛國政治力量和派別，組成廣泛的抗日民族統一戰線，並聯合美國、蘇聯、英國等世界反法西斯力量，進行了前後長達十四年的抗日戰爭。一九四五年八月十五日，日本侵略者宣佈投降，中國人民取得了抗日戰爭的勝

利。這是一八四〇年以來中國人民反對外族入侵的第一次勝利。中國為此付出了巨大的民族犧牲。據統計，抗日戰爭期間，中國人民傷亡人數在三千五百萬人以上，財產損失和戰爭消耗達五千多億美元。

外國強加給中國的戰爭賠款統計表	
1841年	中國向威脅廣州的英國人支付 600 萬兩白銀
1842年	中國向英國支付 2100 萬兩白銀
1858年	中國向英國支付 400 萬兩白銀 中國向法國支付 200 萬兩白銀
1860年	中國支付 1600 萬兩白銀，其中一半賠給英國，另一半賠給法國
1862-1869年	繼傳教士和中國居民之間的教案之後，賠款約 40 萬兩白銀
1870年	繼天津教案後，中國向法國賠款 49 萬兩白銀
1874年	繼日本侵台事件之後，賠款 50 萬兩白銀
1878年	向俄國賠款 900 萬兩白銀
1881年	中國為收回對伊犁河流域部分領土主權，向俄國支付 900 萬兩白銀
1895年	甲午戰爭戰敗之後，向日本賠款 2 億兩白銀
1897年	作為日本軍隊撤出遼東半島的條件，向日本賠款 3000 萬兩白銀
1901年	向西方聯軍賠款 4.5 億兩白銀
1922年	作為日軍撤出山東膠州的代價，向日本賠款 6600 萬金法朗

資料來源：[法]謝和耐《中國社會史》，中國藏學出版社 2006 年第 1 版。

從開眼看世界到尋求自強

中國人對西方世界的重新認識始於鴉片戰爭的失敗。鴉片戰爭的失敗，使一些先進的中國人痛感中國在技術上已落後於西方，必須追趕，尋求自強。

林則徐是近代中國開眼看世界的第一人。鴉片戰爭前，林則徐和大多數清朝官員一樣，對中國以外的世界知之甚少。在受命處理鴉片事務時，他開始了解研究西方國家情況，觀念發生轉變，提出了「師敵之長技以制敵」的思想。他組織翻譯外國報紙和書籍，包括英國人慕瑞勵所著《四洲志》（原書 1836 年在倫敦出版）等著作，向中國人介紹西方國家的歷史

▲ 一八七二年中國清政府派遣的首批赴美留學幼童

地理、經濟法律、軍事技術、科學文化等方面情況。魏源是繼林則徐之後又一位力主向西方國家學習技術的清朝官員。他反對盲目自大，批判拒絕學習西方「長技」的保守思想，主張借鑑西方技術，並明確提出「師夷人之長技以制夷」的主張。他在林則徐主持編譯的《四洲志》的基礎上，增補大量資料，完成了著名的《海國圖志》，詳細介紹了世界各國的地理、歷史和現狀，對開拓中國人思想和眼界產生了較大影響。

十九世紀五〇至六〇年代，清朝統治出現新的危機。一八五一年，農民運動領袖洪秀全領導「太平軍」在西南廣西桂平縣金田村起事，建號「太平天國」，並迅速發展壯大。一八五三年，「太平軍」占領南京，改南京為天京，定為都城，正式建立與清政府對峙的政權。一八六〇年以後，清政府全力鎮壓太平天國。一八六四年，清軍攻陷天京，太平天國運動失敗。

在鎮壓太平天國運動的過程中，曾國藩、李鴻章、左宗堂、張之洞等一批清朝的重要官員，為使清王朝的統治得以繼續，將林則徐、魏源等向西方學習技術的思想付諸實踐，辦起了「洋務」，開始「自強新政」，並將這一發展模式界定為「中學為體，西學為用」。因為是向西方學習，而西方又被認為是「洋人」的世界，所以在中國歷史上這場運動又被稱為「洋務運動」。

清政府辦洋務時間跨度長達三十多年，涉及內容廣泛。

——設置與外國打交道的外事機構。一八六一年一月，清政府正式成立「總理各國事務衙門」（簡稱總理衙門），主管對外交涉和通商、關稅等事務。之後又設立南洋通商大臣和北洋通商大臣，分別主管南方（長江以南和長江流域）和北方沿海省份的通商和對外交涉事務。同時，清政府

▲ 洋務企業

還於一八六一年成立總稅務司，設正、副總稅務司各一人，由西方人擔任，負責管理全部海關稅務。英國人赫德掌管總稅務司長達四十八年。

　　——開辦學堂和派遣留學生。中國近代教育始于洋務運動。從十九世紀六〇年代起，清政府開辦了一批學習「西文」（西方國家語言文字）和「西藝」（西方國家技術）的新式學堂，培養各類洋務人才。一八六二年，一個被稱之為「同文館」的學堂在北京成立，美國人丁韙良被任命為同文館第一任校長，且總管校務長達三十二年。據統計，洋務官員共創辦各類新式學堂二十多所，培養了一批外語、工程、電報、輪船、礦務、武器、醫學等方面的人才。中國近代第一批赴歐美留學生也是在辦洋務過程中派出的。

　　——訓練新式軍隊和建設軍事工業。洋務官員認為，中國的典章制度

遠遠超過西方，只有「火器」不如人，只要學習了外國先進的軍事技術，中國就可以強大起來。自一八六一年到十九世紀末，洋務官員在全國創辦的軍事工廠（局）有二十多所，主要製造槍枝、火炮、彈藥，同時也生產鋼鐵和製造輪船。中國近代工業由此發端。

——興辦近代民用工業。洋務官員以「求富」為宗旨，把「求強」與「求富」結合起來。自十九世紀七〇年代到九〇年代，洋務官員共興辦民用企業二十多個，集中在採礦、冶煉、紡織等工礦業和航運、鐵路、電訊等事業。

洋務運動是中國近代經歷了兩次鴉片戰爭失敗後第一次主動向西方學習，也是一次在統治集團體制內進行的工業化運動。由於這一運動只限於技術層面，其侷限性也是十分明顯的。而隨著中國在中日甲午戰爭中的失敗，也宣告了洋務運動的破產，歷史表明僅靠辦洋務是解決不了中國的根本出路問題的。

經過洋務運動，中國人對世界的看法真正發生了改變。一八四〇年鴉片戰爭前，西方人來到中國，清政府的官員十分蔑視，不願與他們打交道，只命令商人與之接觸。而一些與外國人打交道的人，也很讓人看不起。由於對外面世界知之甚少，清政府沒有人肯出國辦外交，一直到一八七六年才派遣本國人做駐英法等國公使。經過幾十年辦洋務，東西方接觸日益增多，中國人對待外部世界的觀念也在發生變化。在普通中國人眼中，西方人也由過去的「夷人」（帶有輕蔑之意）逐步變為「洋人」（帶有推崇之意）。

建立近代國家體制

　　洋務派官員慘澹經營的北洋海軍在一八九四年中日甲午戰爭中幾近全軍覆滅，以及中華民族面臨的嚴峻生存危機，使一部分先進的中國人對國家的發展路向作了進一步思考：僅靠學習西方技術難以實現富強，不能改變中國挨打的命運，必須從制度入手，實行維新變法，建設先進國家。十九世紀末和二十世紀初的戊戌變法運動和辛亥革命由此產生。

　　戊戌變法運動，又稱維新變法運動，因主要活動發生在中國農曆戊戌年（西元 1898 年）而得名。這是一場帝制改良運動，試圖通過走英國「光榮革命」和日本「明治維新」那樣的道路，對清政府專制體制進行一定的改造，既保留君主制的體統，又實行議會內閣制，使皇權和行政權分開。

這場運動的領袖人物是康有為和他的學生梁啟超。他們宣傳西方社會政治學說，推崇進化論思想，嚴正駁斥封建頑固思想和洋務派只向西方學習技術而不進行維新變法的做法。這場變法要改變千年以來的專制體制，為中國傳統文化和社會所難以接受。為製造變法維新的理論根據，康有為在他的著作中把近代西方的民權、民主、平等等思想和議院、選舉等政治規則，都說成為孔子所創，並把自己打

▲ 梁啟超

扮成孔子道統的真正繼承者。

　　一八九五年四月，康有為聯合在北京參加應試的舉人（經過科舉考試取得功名的一種稱謂）一千三百多人，上書光緒皇帝，提出發展近代工業和實行君主立憲制度的要求，這便是在中國近代史上有重要影響的「公車上書」事件。這一事件的發生表明知識階層開始成為救亡運動的主流。康有為等人的維新變法主張得到皇帝的支持，但遭到握有大權的慈禧太后等頑固守舊勢力的敵視和反對。以慈禧為代表的頑固派堅持「祖宗之法不可變」，聲稱「寧可亡國，不可變法」，認為民權之說「無一益而有百害」。一八九八年六月十一日，光緒皇帝頒佈「明定國是」詔書，宣佈變法。從這一天起，到九月二十一日慈禧太后發動政變，廢除「新政」，歷時一百零三天，所以中國史書又稱之為「百日維新」。

　　戊戌變法以失敗而結束，但經過此次運動，近代西方民主思想在中國得到初次傳播。戊戌變法的失敗，也宣告了在中國不可能走英國或日本式的君主立憲道路，通過革命推翻帝制，成為中國挽救危亡和建立近代國家的新選擇。擔負起這一歷史任務的是孫中山及其領導的革命派。

　　孫中山於一八六六年出生在中國南方的廣東香山縣（今廣東中山）。這一地區對外開放較早，與外界接觸較多。孫中山的哥哥早年遠赴檀香山（今美國夏威夷州首府）發展，並成為華僑資本家。孫中山少年時即投奔哥哥，並在哥哥資助下接受完全的西方教育，包括自然科學知識和社會政治學說，產生了「改良中國」的願望。一八九四年，孫中山聯合一些革命志士，成立了革命團體──興中會（意即復興中國），發誓推翻清朝專制統治，建立民主共和國家。

　　十九世紀末二十世紀初，中國的救國運動風起雲湧，各種革命團體相

繼出現，並產生組建全國性革命政黨的
要求。一九〇五年八月，孫中山聯合黃
興、宋教仁等革命團體領袖，在日本東
京成立「中國同盟會」（簡稱「同盟會」，
後來的中國國民黨即由此而來），設本部
和國內外九個支部，使之成為一個全國
性的革命政黨。孫中山在為同盟會機關
刊物《民報》寫的發刊詞中，將同盟會
的十六字綱領歸納、闡發為民族、民
權、民生三大主義，即「三民主義」。民
族主義包括「驅除韃虜，恢復中華」兩

▲ 孫中山像

項內容，就是推翻滿清王朝，使中國成為獨立的國家；民權主義的內容是
「創立民國」，即推翻專制制度，建立近代西方民主共和國家；民生主義
的內容為「平均地權」，即對土地核定地價，把革命成功後因社會經濟發
展增長的地價收歸國有，並逐步由國家向地主收買土地。這一思想主要在
鼓動推翻帝制和創立民國，因此又被稱為「舊三民主義」。

　　同盟會的成立和三民主義思想的提出，預示著中國革命的一個新階段
即將到來。經過多年的組織、思想、輿論準備，終於釀成一九一一年十月
十日在中國中南部重鎮武昌（武漢的一部分）爆發的武裝起義，並繼而引
發成全國範圍內的辛亥革命（1911 年為中國農曆辛亥年）。辛亥革命以其
迅猛洪流沖垮了清王朝的封建統治。一九一二年一月一日，經十七省代表
選舉，孫中山在南京宣誓就任臨時大總統，宣告中華民國臨時政府成立，
並以一九一二年為民國元年，改用公曆。接著，臨時參議院成立，作為立

▲ 一九一三年四月八日，中華民國第一屆國會在北京舉行開幕典禮。

法機關。此時，中國的北方仍然為清王朝勢力所控制。為結束南北對立，儘快建立一個統一的共和政權，南方向北方作出讓步，以清帝退位等為條件，將臨時大總統職位交給清朝重臣袁世凱。一九一二年二月十二日，清帝宣佈退位。四月一日，孫中山正式解除臨時大總統的職務。二日，臨時參議院決議將臨時政府遷往北京，而不是孫中山等人早先希望的南京。至此，在中國這個古老的東方國家，持續了二千多年的君主專制制度終於瓦解，一個具有近代意義的民主共和國家初步構建起來。

此後，中國的南方和北方處於不同勢力控制之下，革命黨人的活動基本在南方（以廣東為中心），由清朝軍人轉變而來的軍閥勢力（又稱北洋軍閥）基本在北方，直到一九二八年南京國民政府統一全國。

新的文化啟蒙運動

任何一個社會的進步，說到底都是思想文化的進步。近代中國思想文化的發展，是與救亡運動相伴而行的。救亡的過程，也是啟蒙的過程。

建立在自然經濟基礎之上的中國古代思想文化，在根本上是不適應近代社會生產力發展要求的。在君主專制社會裡，人們受到君權、神權、族權、夫權的嚴重壓抑，根本談不上自由、平等。打破舊的文化，倡導新的文化，是中國近代化的必然要求。

近代中國的啟蒙運動始於十九世紀末的維新變法時期。維新派人士在宣傳變法思想時，把介紹近代西方思想文化作為一項重要內容，希冀以此改變中國人思想觀念的落後狀況，開啟民智。他們大量翻譯出版介紹西方社會政治學說的圖書，其中影響最大的是嚴復翻譯的《天演論》一書（即英國生物學家赫胥黎的《進化論與倫理學》）。赫胥黎在書中用達爾文關於生物進化的原理，解釋社會發展規律和人與人之間的關係，認為「物競天擇，適者生存」的生物進化規律同樣可以用來解釋人類歷史的發展。在人類社會裡，人與人之間以及種族與種族之間，也同生物一樣相互競爭，

▲ 《天演論》扉頁嚴復像

只有最適宜生存的，才能生存下來。這種理論成為西方列強推行海外擴張政策的依據。但從挽救民族危亡的立場出發，在面臨被列強瓜分的危機時刻，這一理論也能夠激勵中國人救亡圖存。按照這一理論，中國只有變革，才能變弱為強，否則就會被淘汰。

二十世紀初辛亥革命時期，以孫中山為代表的革命家，奉近代西方民主思想為圭臬並大力宣傳，掀起了一場以宣傳民主共和思想為中心的文化啟蒙運動。他們指出，在革除專制、建立共和已成為大勢所趨和人心所向的歷史條件下，落後民族和國家的革命必然選取先進的民主制，有著幾千年歷史的中華民族，絕不會沒有實行民主共和的能力。孫中山本人甚至對西方三權分立學說作了發展，提出「五權憲法」（在行政、立法、司法三權基礎上又增加考試、監察兩權）主張，強調通過考試錄用官員和對官員的監督。一九一二年中華民國創建後，孫中山等人利用政權的力量，公開、合法地大力宣傳自由、平等、博愛等思想主張，並通過制定《中華民國臨時約法》，力圖將西方國家一系列民主憲政原則以國家根本大法的形式在中國確立起來，使民主共和成為新國家每個公民的意志。

辛亥革命推翻了君主帝制，使民主共和思想進一步深入人心，但在一個有二千多年專制文化傳統的國家，民主共和之路不可能是一條坦途。一九一六年，已就任中華民國大總統的袁世凱公然稱「中華帝國」皇帝，開歷史倒車，遭國人討伐，在做了八十三天皇帝美夢後憂懼而死。這也說明，徹底清除舊的思想文化的影響，仍是一項重要歷史使命。

以一九一九年「五四」運動的爆發為標誌，在此前後，以陳獨秀、李大釗、魯迅、胡適等為代表的一批激進民主主義者，高舉「民主」「科學」大旗，通過創辦《新青年》雜誌等活動，發起了一場新文化運動，向舊文

▲ 《中華民國臨時約法》書影 　　　　　▲ 《新青年》書影

化發起了猛烈進攻。至此，中國近代的思想文化啟蒙運動達到了一個高潮。

　　二十世紀二〇年代前後的新文化運動時期，激進的民主主義者歷數了當時中國社會的黑暗，痛陳了專制制度的罪惡，號召青年一代充分認識中國在世界上的地位，以求實和進取的精神，為戰勝惡社會而自覺奮鬥。新文化運動的戰士們將「人權」與「科學」並提，倡導人權平等和科學精神，否定「君權神授」「禍福天定」等謬論，反對統治者愚民政策。針對當時存在的尊孔復古逆流，陳獨秀把批判鋒芒直接指向作為專制制度支柱的儒家學說，認為這種封建主義的宗法綱常體系和民主共和制度是根本不相容的。

反對舊文學，提倡新文學，是新文化運動的一項重要內容。學者胡適等人發出「文學革命」的號召，提出改革文學體裁和形式，反對文言文，提倡白話文。魯迅用他的文學作品對儒家舊的倫理道德展開批判，發表《狂人日記》《阿 Q 正傳》等小說和雜文，使新文化運動的反封建鬥爭達到了前所未有的深度。

正當中國的新文化運動呈如火如荼之勢時，傳來了一九一七年俄國十月革命勝利、勞動人民翻身解放的消息，這對於如飢似渴般尋求救國真理的中國人民來說，無疑是雪中送炭，欣喜之情不難想像。於是，歌頌俄國十月革命，宣傳馬克思主義，主張中國走俄國十月革命道路，成了新文化運動的發展方向，中國出現了李大釗、陳獨秀、毛澤東、周恩來等一批具有初步共產主義思想的知識分子。

國民革命運動的起伏

辛亥革命雖然推翻了滿清王朝的君主專制制度，但西方列強依然對中國進行著殖民統治，人民的權利仍舊無法得到保障。

破壞共和的事件接連發生。先有暗殺內閣第一大黨總理事件發生（1913 年 3 月國民黨負責人宋教仁在上海遇刺身亡），孫中山為此發動了「二次革命」（意為完成辛亥革命未竟事業）；繼有一九一六年袁世凱復辟帝制事件，孫中山等人發動護國運動，意在維護中華民國體制；後有北洋軍閥毀棄《臨時約法》事件，孫中山等人兩次發起護法運動。一時間，議會制、總統制、內閣制，在中國粉墨登場，但都沒有解決中國的問題，反而成為軍閥政客借用的招牌。

上述事實使孫中山深感中國革命的任務還沒有完成，還要繼續努力。他認為革命之所以出現反覆，關鍵是缺少一個領導革命通向勝利的堅強有力政黨。他決定「以俄為師」，採取聯俄、聯共和扶助農工三大政策，並重新解釋三民主義，將反對帝國主義侵略和「節制資本」作為重要內容。一九二四年一月，經過充分準備，中國國民黨第一次全國代表大會在南方的廣州舉行。此次會議，孫中山仿照俄共模式建黨，完成了對中國國民黨的改造，強調「以黨建國」「以黨治國」，並吸納中國共產黨人加入國民黨，開始了第一次國共合作。國民黨一大後，孫中山參照蘇聯紅軍學校建制，於一九二四年五月創辦了中國國民黨陸軍軍官學校，因校址設在廣州市郊的黃埔島上，又稱黃埔軍校。

一九二四到一九二七年間，在國共兩黨的合作和努力下，中國的國民

▲ 黃埔軍校舊址

革命運動出現新發展。工人運動和農民運動出現高潮，廣東革命根據地得到統一，在廣州成立了國民政府，國民革命軍實施了北伐。一九二五年三月十二日，中國民主革命的先行者孫中山因病在北京逝世。孫中山的去世使國民黨內出現權力真空，各派為爭奪領導權展開鬥爭，並出現反對國共合作論調，鼓吹「清黨」（清除國民黨內的共產黨員）。一九二七年四月和七月，在國民革命軍北伐節節勝利的凱歌聲中，掌握國民黨軍權和黨權的蔣介石、汪精衛，開始「清黨」，第一次國共合作失敗。

一九二七年四月十八日，國民黨南京國民政府成立。一九二八年四月，南京國民政府宣佈繼續北伐。六月上旬，國民政府軍隊開進北京，歷時十六年、由北洋軍閥控制的北京政府垮台。六月十五日，南京國民政府

▲ 一九三七年，在長城上與日本侵略軍作戰的八路軍。（沙飛攝）

發表宣言，宣稱全國統一已告完成。十二月二十九日，東北地方當局宣佈
「服從國民政府，改旗易幟」。至此，國民黨在南京建立的政權形式上統
一了全中國。

一九三一年日本製造「九一八事變」後，由於南京國民政府採取不抵
抗政策，中國大片國土淪陷，中國人民的抗日民主運動也逐步高漲起來，
特別是一九三五年日本侵入中國華北後，中華民族陷入新的危機。一九三
六年十二月十二日，國民黨愛國將領張學良、楊虎城發動「兵諫」，逼蔣
介石抗日，這便是著名的「西安事變」。經中國共產黨和各方的共同努
力，事變得到和平解決，這為國共等黨派合作抗日奠定了基礎。一九三七
年七月七日，日本侵略者發動全面侵華戰爭後，國民政府宣佈對日作戰，
並接受了中國共產黨關於國共合作的主張，開始了第二次國共合作。中國

戰場是第二次世界大戰反法西斯主要戰場，牽制了日本法西斯三分之二的兵力，有力地支持了歐洲和太平洋戰場上的反法西斯戰爭。由於中國人民抗日戰爭在世界反法西斯戰爭中發揮了重要作用，此後成立的聯合國將中國選為安理會五個常任理事國之一。

一九四五年八月十五日，中國人民抗日戰爭取得了最後勝利。此後，中國共產黨與中國國民黨為建立一個民主還是專制國家，展開了激烈的政治和軍事鬥爭。

中國共產黨領導建立新中國

一九一九年五月四日，北京發生了以青年學生為主體的抗議北洋政府賣國行徑的遊行示威活動。隨後，全國許多城市爆發了支持北京學生愛國行動的遊行活動，並演變成罷工、罷市、罷課鬥爭。這便是在中國近代歷史上有劃時代意義的「五四運動」。中國工人階級從此登上政治舞台，其政治代表中國共產黨誕生。李大釗、陳獨秀、毛澤東、周恩來等中國共產黨的政治領袖，參加並領導了「五四運動」。

在中國最早醞釀籌建共產黨組織的是陳獨秀和李大釗，他們首先在上海、北京等地發起籌建了中國共產黨基層組織。一九二一年七月二十三日，中國共產黨第一次全國代表大會在上海舉行（後以 7 月 1 日為中國共產黨成立紀念日）。出席代表十二人，代表全國五十多名黨員。大會討論了中國共產黨黨綱，確定黨的名稱為中國共產黨。中國共產黨的成立是中國歷史上一件大事，從此，作為中國先進力量的工人階級有了自己的政黨，災難深重的中國有了希望。

中國共產黨誕生後，確立了在中國建立「真正民主共和國」的任務，通過與中國國民黨開展合作，建立民主的聯合戰線，共同反對帝國主義、封建主義等革命對象。一九二四至一九二七年，國共合作的國民革命蓬勃發展。一九二七年蔣介石「清黨」後，中國共產黨領導的革命運動陷入低潮。此後，以毛澤東為代表的中國共產黨人開闢了以農村包圍城市並最終奪取城市的中國革命正確道路，並通過開展土地革命，在農村建立根據地，發展壯大革命力量。一九二七年到一九三七年，中國共產黨領導的在

部分農村建立的政權與國民黨領導的城市政權進行了長達十年的對峙。一九三四年十月到一九三五年十月，中國共產黨領導的工農武裝力量實行大規模戰略轉移，進行了人類歷史上罕見的二萬五千里長征，其間於一九三五年一月在貴州遵義召開的一次重要會議，確立了毛澤東在中國共產黨內的領導地位。

一九三七年全面抗戰爆發後，中國共產黨與中國國民黨進行了歷史上第二次合作，共同抗擊日本侵略者，直至一九四五年中國人民抗日戰爭取得最後勝利。抗日戰爭初期，以毛澤東為代表的中國共產黨人分析了中日戰爭的基本特點和發展規律，闡明了抗日遊擊戰略方針，指出了人民戰爭是爭取抗戰勝利的唯一正確道路。中國共產黨很好地執行了抗日民族統一

▲ 位於上海的中共一大會址

戰線政策，發展進步力量，爭取中間力量，孤立頑固勢力，確保了中華民族和中國人民的根本利益。同時，中國共產黨領導開闢了敵後戰場，建立抗日根據地，並使敵後戰場成為抗戰中後期的主要戰場，牽制並消滅了大量侵華日軍。抗戰期間，毛澤東和中國共產黨人還完善了領導中國革命的基本理論——新民主主義革命理論，認為現階段的中國革命是新民主主義革命，新民主主義革命勝利後，中國既不可能成為西方式國家，也不可能進入社會主義社會，而是建立新民主主義國家。

　　一九四五年七月，在中國人民抗日戰爭即將取得最後勝利的時刻，中國共產黨在延安召開了第七次全國代表大會。此時的中國共產黨已經成為一個有九十多萬黨員、領導一百二十萬武裝力量、擁有大片根據地的全國

▲ 中國人民政治協商會議第一屆全體會議會場

性政黨。中國共產黨七大為中國革命的勝利作了思想、組織準備，提出中國革命的前途和命運是：「廢除國民黨法西斯獨裁統治，實行民主，鞏固和擴大抗日力量，徹底打敗日本侵略者，將中國建設成一個獨立、自由、民主、統一、富強的新國家。」

抗日戰爭勝利後，中國人民普遍希望以此為轉機建設一個獨立、民主、團結、富強的新中國，但蔣介石為首的國民黨政權堅持內戰獨裁的政策，企圖消滅中國共產黨領導的人民軍隊和解放區。中國共產黨力主和平民主，與國民黨蔣介石集團展開鬥爭。一九四六年六月，國民黨軍隊對中國共產黨領導的解放區發動進攻，全面內戰爆發。中國共產黨團結全國民主進步力量，向國民黨軍隊發起反擊，並取得軍事上主動權，展開戰略決戰，最終打敗國民黨蔣介石集團，迫使其敗退臺灣。

一九四九年九月二十一日，中國人民政治協商會議第一屆全體會議在北京開幕，中國共產黨與各黨派等方面代表出席。毛澤東主持會議並宣佈：占人類總數四分之一的中國人從此站立起來了，中國人被人認為不文明的時代已經過去了。十月一日，毛澤東在天安門宣佈中華人民共和國中央人民政府成立。從此，一個新中國開始展現在世人面前。

第六章 新中國的探索和改革開放

中華人民共和國從一九四九年建立至今，已走過六十多個年頭。六十多年來，中國人民在建設自己國家的過程中，有許多喜悅和成功，也有不少挫折和失誤。經過艱辛探索，中國共產黨領導中國人民最終開闢了一條符合本國國情的現代化建設道路，即中國特色社會主義道路。

一九七八年，是新中國歷史的轉折點，中國開啟了改革開放的歷史新時期。自此，中國人民、中國國家和中國共產黨的面貌發生了巨大的變化，中國與世界的關係也進入了新的發展時期。

▎新中國從一窮二白開始

　　中華人民共和國的建立，翻開了中國歷史的新紀元。中國人民歡慶新中國的誕生，滿懷豪情地投入到建設自己國家的偉大事業之中。但新中國是建立在舊中國經濟、文化極端落後基礎之上的，中國人常用「一窮二白」四個字來形容新中國成立時起點之低。

　　以二十世紀三〇到四〇年代的發展水平為標準，當時中國的現代工業在國民經濟中所占比重只有百分之十左右，而農業和手工業卻占了百分之九十以上。可以說新中國成立時還是一個落後的農業國家。

▲ 一九四九年十月一日，毛澤東主席宣佈中華人民共和國中央人民政府成立。

一九四九年中國人口已是世界第一，以人均計算，主要工農業產品在世界均排名近乎最後。

　　一九四九年 十月新中國成立時，機械工業幾乎等於零，飛機、汽車、拖拉機、大型機械均不能製造。文化教育同樣落後，全國文盲占人口數的百分之八十。醫療水平十分落後，人均壽命只有三十五歲。新中國面對的是舊政權留下的滿目瘡痍。

　　新中國成立伊始，人民政府和作為執政黨的中國共產黨便把主要精力用於鞏固政權和發展經濟上。到一九五一年十月，省、市、縣、鄉等幾級地方人民政府在全國範圍內建立起來，並在少數民族聚居區逐步實行民族區域自治，結束了國家長期分裂和混亂的局面。在經濟方面，沒收舊中國的國家壟斷資本經濟為國有（約占全國工業資本的百分之六十六），建立起社會主義性質的國營經濟。新中國成立時面臨的嚴重困難之一，是投機資本橫行，經濟秩序混亂，市場物價不斷上漲。為此，國家採取打擊投機資本、加強市場管理、穩定物價、統一全國財政收支等措施，使財政經濟狀況逐步好轉。

　　新中國在全國範圍內開展了土地改革運動。舊中國的土地制度極不合理，占鄉村人口不到百分之十的地主、富農，占有百分之七十至八十的土地。而占鄉村人口百分之九十的農民，卻只占有百分之二十至三十的土地。地主通過占有土地對農民進行地租剝削，並通過高利借貸等手段榨取農民的血汗。土地改革徹底結束了封建地主土地所有制，解放了生產力，使三億多無地少地的農民得到了耕地，極大地調動了廣大農民的生產積極性。

　　新中國向舊社會的遺毒展開清除行動，主要是禁止販毒吸毒、取締賣

▲ 通過土改，農民分得了土地。

淫嫖娼和聚眾賭博等社會醜惡現象。鴉片給中國和中國人民帶來巨大災
難。鴉片戰爭後的一百多年間，煙毒愈演愈烈，直到新中國成立初期，仍
有蔓延之勢，全國吸毒人數達二千萬人，個別地方有近四分之一的人吸食
鴉片。人民政府有步驟地開展禁煙工作，到一九五二年底，為害一個多世
紀的煙毒被基本禁絕。在舊中國，妓女是整個社會中最為悲慘的人群。人
民政府採取有力措施，封閉妓院，取締嫖娼，改造妓女。

　　經過新中國成立後三年多的艱苦工作，國民經濟得到恢復和初步發
展。一九五二年，工農業總產值達到八百一十億元人民幣，比一九四九年
增長百分之七十七點六，平均每年增長百分之二十左右。主要工農業產品
的產量均超過新中國成立前的最高水平。人民生活普遍得到改善，同一九
四九年相比，一九五二年職工工資平均提高百分之七十，農民收入增長百

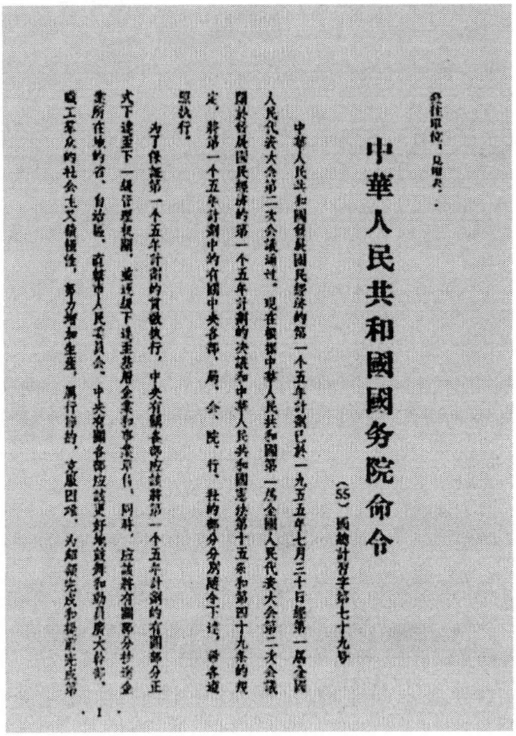

發往單位，見附表。

中華人民共和國國务院命令

（55）國總計習字第七十九号

中華人民共和國發展國民經濟的第一个五年計劃已經一九五五年七月三十日經第一屆全國人民代表大会第二次会議通过。現在根據中華人民共和國第一屆全國人民代表大会第二次会議關於發展國民經濟的第一个五年計劃的決議和中華人民共和國憲法第十五条和第四十九条的規定，將第一个五年計劃中的有關中央各部、局、会、院、行、社的部分分別隨令下达，希各遵照執行。

为了保證第一个五年計劃的貫徹執行，中央有關各部应該將第一个五年計劃的有關部分正式下達至下一級管理機關，並逐級下達至基層企業和事業單位。同时，应該將有關部分抄送企業所在地的省、自治區、直轄市人民委員会。中央有關各部应該更好地鼓舞和動員廣大幹部、職工羣众的社会主义積極性，努力增加生產，厲行節約，克服困难，为超額完成和提前完成第

· 1 ·

◀ 周恩來一九五五年十二月十九日簽署的關於執行第一個五年計劃的國務院令

分之三十。在國民經濟全面恢復的基礎上，中國人民從一九五三年起開始進行大規模的經濟建設。經過新中國成立後三年多的建設，中國共產黨改變了原來準備經過相當長時間向社會主義過渡的設想。一九五二年九月，毛澤東提出，用十到十五年的時間基本完成向社會主義的過渡，過渡的主要任務就是基本上完成國家工業化和對農業、手工業、資本主義工商業的社會主義改造。

實現國家工業化，是中國人民近百年夢寐以求的美好目標。中央政府提出了發展國民經濟的第一個五年（1953-1957）計劃，確定興建包括鋼鐵、飛機、機床、汽車、石化等一百五十六個工業項目，開始了大規模工

▲ 一九五六年九月十五日至二十七日，中國共產黨第八次全國代表大會在北京政協禮堂舉行。

業建設。到一九五七年底，計劃的各項指標都大幅度地超額完成。一九五七年，工農業總產值達一二四一億元人民幣，按可比價格計算，比一九五二年增長百分之五十六點九。重工業主要產品的產量大幅度增長，舊中國重工業基礎十分落後的局面有了明顯改觀。

從一九五三年開始，中國全面開展了對農業、手工業和資本主義工商業的社會主義改造。其任務是：把資本主義工商業私人所有制改造成為全民所有制，把以農民和手工業者個體勞動為基礎的私人所有制改造成為勞動群眾集體所有制。到一九五六年，生產資料私有制的社會主義改造已經基本完成。在國民經濟中，全民所有制和勞動群眾集體所有制這兩種形式的公有制經濟，已經居於絕對主導地位，社會主義經濟制度在中國確立起來。

一九五四年，第一屆全國人民代表大會第一次會議在北京舉行，來自全國的一二二六名代表出席。此前在全國範圍內由人民通過普選的方法產生了鄉、縣、省（市）各級人民代表，並召開各級人民代表大會。此次會議制定了《中華人民共和國憲法》，討論和通過了政府工作報告，選舉了新的國家領導機構人員。選舉毛澤東為中華人民共和國主席，劉少奇為全

國人大常務委員會委員長，決定周恩來為國務院總理。《中華人民共和國憲法》規定：中華人民共和國是工人階級領導的、以工農聯盟為基礎的人民民主國家；中華人民共和國的一切權力屬於人民；人民行使權力的機關是全國人民代表大會和地方各級人民代表大會；中華人民共和國全國人民代表大會是最高國家權力機關，是行使國家立法權的唯一機關；國務院，即中央人民政府，是最高國家權力機關的執行機關，是最高國家行政機關。新中國的政治制度由此確立。

一九五六年，中華人民共和國進入了全面建設社會主義新時期。當年九月，中國共產黨在北京召開了第八次全國代表大會，這次代表大會距上次代表大會時隔十一年。這次大會認為當時中國國內的主要矛盾，是人民對於建立先進的工業國的要求同落後的農業國的現實之間的矛盾，是人民對於經濟文化迅速發展的需要同當前經濟文化不能滿足人民需要的狀況之間的矛盾。中國共產黨和中國人民的主要任務，就是要集中力量解決這個矛盾，把中國儘快地從落後的農業國變為先進的工業國。

▌探索中的挫折和失誤

在中國這樣一個幅員遼闊、人口眾多、經濟文化落後、地區發展不平衡的大國進行現代化建設，是一項十分艱巨而又複雜的任務。中國的社會主義建設究竟應該怎樣進行，這對中國共產黨和中國人民是一個全新的課題。上世紀五○年代，中國共產黨對於什麼是社會主義、怎樣建設社會主義這一根本問題的認識，還處在探索階段。

新中國成立初期的國際國內形勢，特別是國際上冷戰局面的存在和鞏固新生政權的需要，使中國共產黨一度堅持以階級鬥爭理論指導國家建設，並追求純而又純的社會主義。

一九五七年的反右派鬥爭被嚴重擴大化，是以階級鬥爭理論指導國家建設的一次重大失誤。

為加強中國共產黨的自身建設，克服官僚主義、主觀主義和宗派主義，一九五七年三月，中共決定在黨內開展整風運動，以更好地擔負起領導建設新國家的任務。整風運動中，中共特別重視邀請黨外人士幫助整風。一些民主黨派負責人和無黨派民主人士向中共提出了批評意見，但也有個別人藉機攻擊中國共產黨的領導和社會主義制度。毛澤東認為，少數右派分子想借給中共提意見來推翻共產黨的領導，推翻社會主義制度，必須進行反擊。反右派鬥爭於由此發動，並出現擴大化。反右派鬥爭的擴大化，嚴重損害了廣大人民建設國家的積極性，損害了社會主義民主，造成了國家社會政治生活的不正常。

一九五八年的「大躍進」運動，是急於擺脫國家貧窮落後狀況、跑步

進入共產主義的一次失敗嘗試，教訓慘痛。

　　社會主義制度的確立和第一個五年計劃的完成，大規模建設全面展開，使得全國上下熱情高漲。中國共產黨認為經濟建設完全有可能以更快的速度進行，在短時間內改變中國的落後面貌，實現國家富強的目標。為此，中共制定了社會主義總路線，並相繼發動了「大躍進」和人民公社化運動。總路線的內容是：鼓足幹勁、力爭上游、多快好省地建設社會主義。這條總路線集中反映了中共和人民群眾迫切要求改變國家經濟、文化落後面貌的普遍願望，同時也蘊涵著急躁冒進、急於求成的思想，片面強調經濟建設的速度，過分誇大人的主觀意志和主觀努力的作用，忽視客觀規律。

　　一九五七年十一月，毛澤東率領中國共產黨代表團赴蘇聯，參加在莫斯科舉行的各國共產黨和工人黨代表會議。會議期間，蘇聯提出十五年趕上和超過美國，毛澤東則提出中國在鋼產量方面十五年後趕上或者超過英國。同年冬，全國開始了「大躍進」運動。在工業上，政府不斷提高鋼產量指標，提出一九五八年鋼產量要比一九五七年翻一番，達到一〇七〇萬噸。為實現這一目標，全國上下開始了大煉鋼鐵運動。在農業上，要求不斷提高農作物產量，一九五八年提出的第二個五年計劃要求糧食產量從二千五百億公斤提高到三千五百億公斤。為實現這一目標，在農村開展了人民公社化運動，取消規模較小的農業生產合作社。公社既是農村政權組織，又是經濟組織，其最突出的特點是「一大二公」：「大」，就是人多，好納入計劃，沒有辦不成的事情，當時二萬戶以上的特大公社全國就有五十多個；「公」，就是公有，取消家庭生產、家庭副業、集市貿易等活動，由公社統一核算、統一分配。「大躍進」運動盲目追求高速度，不顧客觀

▲ 一九五八年，寧夏石嘴山土法建造小煉鋼爐。

事實，從根本上違背了經濟建設規律，表明中國共產黨對在中國進行社會主義建設的艱巨性和長期性估計不足。人民公社化運動的實質就是試圖在生產力不發達的基礎上建立一個所謂普遍平等、平均、公平合理的社會，是一種不現實的超越階段的空想。「大躍進」和人民公社化運動的結果，

中國經濟連續三年出現大幅下降，人民生活面臨嚴重困難。人民公社這種農村集體所有制在中國持續了二十多年，直到一九七八年實行改革開放政策後才被終止。

從一九五九年到一九六二年，中共採取了許多政策措施，對「大躍進」和人民公社化運動的失誤進行糾正，對國民經濟進行調整。在中國共產黨和全國人民的共同努力下，國內經濟形勢有了很大好轉。到一九六五年底，全國工農業總產值按可比價格計算，比一九五七年增長了 59.9%，其中農業總產值增長 9.9%，工業總產值增長 98%。全國城鄉居民消費水平，一九六五年比一九五七年提高 7.7%。但中國共產黨內在指導思想上「左」的錯誤並沒有得到有力糾正，在階級鬥爭問題上的擴大化錯誤繼續發展，直至形成了「以階級鬥爭為綱」的指導思想。

一九六六年，正當國民經濟在歷經幾年調整後重現良好發展勢頭之時，中國的局勢出現了大逆轉。一場長達十年，給中國共產黨、中國國家和人民造成嚴重災難的「文化大革命」運動（1966-1976）爆發了。

經過新中國成立十多年的探索和實踐，中國共產黨在領導國家建設上有成功的經驗，也有失敗的教訓。基於對經驗和教訓的總結，中共高層中有的領導人對於中國的發展模式，如何在中國進行社會主義建設，有了新的體會和認識，開始形成新的工作思路。但這些體會、認識和工作思路，與毛澤東的意見相左。毛澤東認為產生分歧說明，中國存在著無產階級與資產階級兩條路線的鬥爭，中共黨內存在修正主義和走資本主義道路的當權派，中國正面臨著資本主義復辟的嚴重危險。為了使中國共產黨的領導權掌握在真正的馬克思主義者手裡，毛澤東決心發動一場公開的、全面的、自下而上由群眾廣泛參與的全國性政治大革命。

毛澤東發動「文化大革命」，主觀上並不是要把中國引向災難，否則就不能解釋為什麼直到晚年他都認為自己發動的「文化大革命」是他一生所做的一件大事。毛澤東是在尋求中國自己的社會主義建設道路，維護和實踐自己的政治理想。由於他的政治理想和做法與現實中國實際相脫離，結果只能事與願違。中共黨內一些別有用心的人，企圖利用毛澤東發動的「文化大革命」滿足自己的政治野心，則是毛澤東所始料不及的，這也使中國社會因「文化大革命」造成的挫折和損失更為慘重。

改革帶來發展生機與活力

　　經過十年「文化大革命」，到一九七六年時，中國的國民經濟已處在崩潰的邊緣。

　　一九七六年九月九日，中國共產黨、中國人民解放軍和中華人民共和國的締造者毛澤東逝世。以鄧小平為核心的中國共產黨第二代中央領導集體結束了「文化大革命」造成的危難局面，開闢了中國特色社會主義道路。

　　「文化大革命」的結束，使中國獲得了重新走上正確發展道路的契

▲ 深圳深南大道旁的鄧小平畫像

▲ 安徽鳳陽小崗村的十八位村民按下紅手印要求包產到戶，揭開了中國農村改革的序幕。

機。通過開展真理標準問題的大討論（這場討論的核心問題是，到底應該以什麼為標準來認識和判定歷史是非，是以已故領導人毛澤東的指示、批示為準，還是以實踐為準，最終堅持實踐是檢驗真理的唯一標準一方得到中共全黨支持），極大地解放了人們的思想，衝破了之前關於社會主義的一些條條框框的束縛，打破了個人崇拜的思想禁錮。一九七八年底召開的中共十一屆三中全會，從根本上糾正了中國共產黨過去在指導思想上的一些錯誤，徹底否定了「以階級鬥爭為綱」的錯誤理論和實踐，作出了把中國共產黨和國家的工作重點轉移到經濟建設上來，實行改革開放的歷史性決策，開創了中國現代化建設的新的歷史時期。此後在中共全黨和全國開始了撥亂反正工作，全面平反冤假錯案，妥善解決歷史遺留問題。一九八一年六月，中共十一屆六中全會審議並通過了《關於建國以來黨的若干歷

史問題的決議》，對新中國成立三十二年來中共的重大歷史事件特別是「文化大革命」作出了正確總結，實事求是地評價了毛澤東的歷史地位。

在撥亂反正和總結歷史經驗的同時，中國共產黨開始全面推進國家的改革開放事業。一九七八年以來，從農村到城市、從經濟領域到其他各個領域都進行了全面的改革；從沿海到沿江、沿邊，從東部到中西部，對外開放的大門敞開了。這場中國歷史上從未有過的大改革大開放，極大調動了億萬人民的積極性和創造性，使中國成功地實現了從高度集中的計劃經濟體制到充滿活力的社會主義市場經濟體制、從封閉半封閉到全方位開放的偉大歷史轉折。

中國的農村經濟體制改革始於上世紀七〇年代末。從一九八二年開

▲ 農村改革使農民得到了實惠。

始，包產到戶、包幹到戶的「雙包」責任制在全國農村迅速推廣，特別是包幹到戶（後稱「家庭聯產承包責任制」），最受農民歡迎。這種經營方式將生產成果和農業生產者的利益更直接地聯繫起來，不僅克服了以往分配中的平均主義弊病，而且簡便易行，成為改革開放以來中國農業的基本經營制度。「家庭聯產承包責任制」充分調動了農民的生產積極性，農業生產不斷上新台階。從一九七九年到一九八四年，農業總產值年均增長百分之八點九，人均占有糧食由一九七八年的三百一十九公斤增加到一九八四年的三百九十五點五公斤，主要農業副產品產量大幅度增長，人民生活明顯改善。農村經濟體制改革取得的成功，堅定了人們對於改革的信心，為各領域的全面改革奠定了物質基礎，起到了示範效應。

中國的城市經濟體制改革與農村經濟體制改革大體同時啟動，但由於長期計劃經濟體制的影響，需要解決的問題更為複雜。改革以試點的方式進行，並首先從擴大企業自主權開始，隨著試點範圍的擴大，又陸續進行了企業經營責任制和所有制結構等方面的改革，逐步打破了單一的所有制經濟，實現經濟形式的多樣化。上世紀八〇年代和九〇年代，隨著改革開放的深入，中國廣泛借鑑人類文明發展成果，在實踐中不斷探索適合本國國情和發展實際的經濟理論和經濟發展模式。一九八一年，中國確認了社會主義社會也存在市場經濟。一九八二年，提出了「計劃經濟為主，市場調節為輔」，在堅持公有制經濟主導地位的前提下，發展多種經濟形式，鼓勵合作經濟的發展，允許個體經濟的適當發展。一九八四年，明確提出私營經濟和三資（中外合資、中外合作、外商獨資）經濟，是社會主義經濟必要的和有益的補充。一九九二年，提出建立社會主義市場經濟體制，使市場在國家宏觀調控下對資源配置起基礎性作用。一九九七年，強調要

抓緊實現經濟體制和經濟增長方式的轉變，即由計劃經濟向市場經濟轉變、由粗放型經濟增長向集約型經濟增長轉變，中國進入了深化經濟體制改革和加快建設現代化的重要時期。進入二十一世紀後，在經濟發展理念上，中國又開始了加強宏觀調控，調整經濟結構和轉變增長方式，著力推進改革開放和自主創新。三十多年來，在逐步形成的一整套經濟理論和經濟模式指引下，中國對國有企業及金融、財稅、投資、價格、外貿、商業、勞動、教育、衛生、交通等各領域進行了全方位的改革。目前，中國的社會主義市場經濟體制已初步建立起來並進入不斷完善的新階段。二〇一三年十一月，中共十八屆三中全會確認，市場在國家宏觀調控下對資源配置起決定性作用。市場機制的引入，為中國經濟發展增添了生機與活力。

在進行經濟體制改革的同時，中國一刻也沒有放鬆對政治體制的改革，不斷建立和完善與經濟體制相適應的政治體制。通過總結「文化大革命」的經驗教訓，以鄧小平為代表的中國共產黨人，首先從中國共產黨和中國國家的領導制度入手，進行政治體制改革。鄧小平認為，中國共產黨和中國國家領導制度需要革除的弊端，主要是官僚主義現象，權力過分集中現象，家長制現象，幹部領導職務終身制現象、各種特權現象，以及封建殘餘思想。如果不堅決改革這些弊端，過去出現過的一些嚴重問題今後就有可能重新出現。

▋對外開放加快發展步伐

　　中國的改革與開放是相伴而生的，要改革就必須對外開放，要開放又必須進行改革。開放就是要打開國門，把中國和世界聯繫起來。

　　歷史上，中國一直是一個封閉半封閉的國家。雖然有過絲綢之路那樣的中外文化交流通道，但總體而言，特別是在立國觀念和處理與外部世界的關係上，缺乏對外開放的意識。中國曾一次次地失去發展與外部世界關係的機會。一九七八年以後，中國把對外開放作為基本國策，堅定不移地把中國的發展與世界的發展結合起來。

　　中國的對外開放首先從創建經濟特區開始。一九八〇年，在位於中國南部和東南部廣東、福建兩省的深圳、珠海、汕頭、廈門設置經濟特區，並明確特區是利用外資、引進技術、發展經濟的一種特殊形式。經濟特區創建後，呈現強勁發展勢頭，在特區的示範下，對外開放步伐不斷加快，逐步形成多層次、有重點、點面結合的對外開放格局。一九八四年，中國正式對外開放大連、秦皇島、天津、煙台、青島、連雲港、南通、上海、寧波、溫州、福州、廣州、湛江、北海等十四個沿海港口城市。一九八五年，又將長江三角洲、珠江三角洲、閩南廈（門）漳（州）泉（州）三角地區和遼東半島、膠東半島開闢為沿海經濟開放區，通過加速沿海地區發展帶動內地經濟發展。一九八八年，建立海南省，使之成為中國最大的經濟特區。至此，中國從南到北就形成了由五個經濟特區、十四個沿海開放城市、三個沿海開放區、兩個開放的半島和海南省構成的遼闊的對外開放地帶。上世紀九〇年代之後，中國繼續加快對外開放步伐。一九九〇年，

▲ 開發開放後的上海浦東陸家嘴

中國正式開發開放上海浦東新區，短短幾年間，一個外向型、多功能、現代化的新城區奇蹟地崛起，帶動了全上海以及長江三角洲和整個長江流域經濟的發展。

　　一九九二年春天，中國改革開放的總設計師鄧小平先後視察了中國中部的武昌、南部的深圳、珠海和東部的上海，發表了著名的「南巡談話」。鄧小平在談話中就堅持走中國特色社會主義道路，特別是抓住當前有利時機，加快改革開放的步伐，集中精力把經濟發展好等一系列重大問題，發表了重要的意見。此後，在以江澤民為核心的中共第三代領導集體

的帶領下，中國的改革開放進入了一個新的發展階段。一九九二年，中國北方的邊境城市黑河、綏芬河、琿春和滿洲里對外開放。同年，一些沿海開放城市開始建立保稅區，實行比經濟特區更加靈活、優惠的政策，按照國際慣例運作；批准近六十個市、縣、鎮為對外開放地區；長江沿岸的十個主要中心城市也全部對外開放。到上世紀九〇年代中後期，中國已形成了全方位、寬領域、多層次的對外開放格局。

經過長達十五年的艱難談判，二〇〇一年十一月十日，在卡塔爾首都多哈舉行的世界貿易組織第四屆部長級會議以全體一致的方式，審議並通過了中國加入世界貿易組織的決定。加入世界貿易組織，是中國對外開放過程中一件意義重大的事情。加入世貿組織進一步拓寬了中國對外開放的領域和空間：由區域性的對外開放轉變為全方位對外開放；開放領域由傳統的貨物貿易向服務貿易延伸；市場准入條件更加法制化、更加透明和規範。

利用外資作為中國對外開放基本國策的主要內容，在促進中國經濟發展和開放型經濟形成上發揮了重要作用。截至二〇一二年上半年，外商在華累計投資設立企業達 74.5 萬家，涉及農業、製造業、服務業等幾乎所有領域。來華投資的國家和地區超過一百九十個，絕大多數世界五百強跨國公司在華投資或開展經營活動。儘管當前世界經濟增長放緩，中國吸收外資面臨挑戰，但中國仍保持吸收外資的綜合優勢。到二〇一二年，中國吸收外資已連續二十年位居發展中國家首位，目前中國已累計吸收外商直接投資達 1.3 萬億美元。二〇一一年的統計數據表明，占中國企業總數不到 3% 的外商投資企業，創造工業產值二十二萬億元，占全國的 26.1%；繳納稅收 19638 億元，占全國稅收總額的 20.5%；實現進出口額 18601 億

美元，占全國進出口總額的 51.1%；在外商投資企業中直接就業的人口達四千五百萬，占全國城鎮勞動就業人口的 14%。

積極合理吸收外資有效彌補了中國國內建設資金的不足，引進了大量先進技術、先進經營方式和管理經驗，並帶來了現代流通和市場營銷理念，引入了國際競爭機制、國際規則和國際標準，在促進中國技術進步、推動產業結構調整升級的同時，加速了中國開放型經濟的形成。通過積極有效利用外資，還開闊了人們的國際視野，推動了思想解放與觀念更新。

二〇〇八年八月八日至二十四日，北京成功舉辦了第二十九屆奧林匹克夏季運動會。這是第一次在發展中國家舉行奧運會，國際奧委會主席羅格稱這「是一屆真正的無與倫比的奧運會」。北京奧運會主題口號是「同一個世界，同一個夢想」，表達了中國人民與世界各國人民共有美好家園、同享文明成果、攜手共創未來的美好理想。二〇一〇年四月三十日，第四十一屆世界博覽會在上海隆重開幕。上海世博會主題是「城市，讓生活更美好」。這是中國繼北京奧運會後舉辦的又一國際盛會，成為人類文明的一次精彩對話。兩次盛會的成功舉辦，標誌著中國與世界的關係進入了一個新的發展階段。

2007-2012 年外商投資企業對中國進出口的貢獻						
	2007	2008	2009	2010	2011	2012
進出口總額（億美元）	21738	25616	22072	29728	36421	38668
外商投資企業	12549	14106	12174	16003	18601	18939
所占比例（%）	57.7	55.1	55.2	53.8	51.1	49.0
資料來源：中華人民共和國國家統計局						

創造新的經濟社會發展奇蹟

自一九七八年以來，由於不斷地深化改革和擴大開放，中國經濟持續快速發展，社會全面進步，現代化建設取得巨大成就。

中國國內生產總值從改革開放初期的一千四百億美元，增長到二〇一二年的 9.43 萬億美元，年均增長 9.6%以上，排名從世界第十五位上升到

1978、2012 年中國主要工農業產品產量及居世界位次					
產品名稱	單位	1978 年		2012 年	
		產量	位次	產量	位次
穀物	萬噸	26546	2	53935	1★
棉花	萬噸	217	3	684	1★
油菜籽	萬噸	187	2	1401	2★
肉類	萬噸	856	3	8387	1★
鋼	萬噸	3178	5	72388	1
煤	億噸	6	3	36.5	1
原油	萬噸	10405	8	20748	4
發電量	億千瓦時	2566	7	49876	1
布	億米	110	1	849	1
水泥	萬噸	6524	4	220984	1
化肥	萬噸	869	3	6832	1★
電視機	萬台	52	8	12824	1

資料來源：中華人民共和國國家統計局，帶★者為 2011 年位次

第二位（2010 年達到這一排名）。中國經濟總量總世界份額，從一九七八年的 1.8% 增長到二〇一二年的 11.5%。人均國內生產總值從一九七八年的約二百美元增長到二〇一三年的約六七五〇美元。一些重要產品產量更是躍居世界前列。

對外貿易從開放初期的二〇六億美元，增長到二〇一三年的 4.16 萬億美元，排名由全球第二十九位升至第二位。二〇〇〇年位居世界第八位，二〇〇三年上升到第四位；二〇〇四年超過日本，位居世界第三位；

位次	2006、2012 年國內生產總值居世界前十位國家比較 （單位：億美元）					
位次	2006 年			2012 年		
	國家和 地區	國內 生產總值	占世界比重 （%）	國家和 地區	國內 生產總值	占世界比重 （%）
1	美國	132446	27.5	美國	156848	21.9
2	日本	46593	9.1	中國	82270	11.5
3	德國	28970	6.0	日本	59640	8.3
4	中國	26301	5.5	德國	34006	4.7
5	英國	23737	4.9	法國	26087	3.6
6	法國	22316	4.6	英國	24405	3.4
7	意大利	18526	3.8	巴西	23960	3.3
8	加拿大	12691	2.6	俄羅斯	20220	2.8
9	西班牙	11280	2.5	意大利	20141	2.8
10	巴西	8820	2.2	印度	18248	2.5

資料來源：國際貨幣基金組織 WEO 數據庫

二〇一〇年則超過德國，位居第二位。到二〇〇六年底時，中國國家外匯儲備已超過日本，躍居世界第一；二〇一三年底，國家外匯儲備達 3.82 萬億美元，是排名第二的日本的近三倍。

人民生活水平不斷提高，由解決溫飽到實現小康，並向全面小康邁進。一九七八年以來，中國城鎮人均可支配收入增長了七十倍以上；農村人均純收入增長了近六十倍；貧困人口從 2.5 億減少到二〇〇六年的二千三百萬人。二〇一一年末，中國將扶貧標準從人均年收入 1274 元大幅提高至 2300 元，提高近一倍，按新標準計算，中國貧困人口增至約 1.2 億；截至二〇一三年，中國貧困人口減少至 8249 萬，兩年時間即幫助近四千萬人擺脫了貧困。

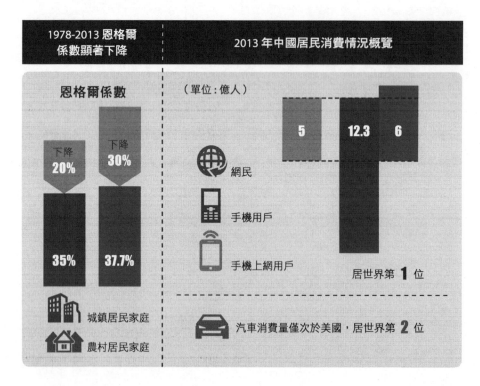

一九七八年以來，中國城鎮和農村居民恩格爾係數顯著下降，二〇一三年城鎮居民家庭恩格爾係數為 35.0%，下降二十多個百分點；農村居民家庭恩格爾係數為 37.7%，下降了約三十個百分點。目前，中國已擁有近 12.3 億手機用戶，有六億多網民，其中手機上網人數 5.0 億人，皆居世界第一位；汽車消費量僅次於美國，居世界第二位。

科技教育事業快速發展。二〇〇一至二〇〇五年，全國研究與試驗發展經費支出共 8203 億元人民幣，占同期國內生產總值的 1.16%，高於發展中國家平均 0.7%的水平。而到二〇一一年，該年的該項支出即達到 8610 億元，占國內生產總值的 1.83%。二〇一三年，這一數字更是達到 11906 億元，占國內生產總值的比重首次超過 2%。雖然與世界發達國家 5%左右的 GDP 占比相比較，中國的科研投入在 GDP 中的占比還相對較

中國衛生事業不斷進步

 醫療衛生機構 **97** 萬多個

 各類醫生 **718** 萬人

 醫療衛生機構床位 **618** 萬張

 2489 個縣（市、區）實施了新型農村合作醫療制度

新型農村合作醫療參合率 **99.0%**

 國家全年資助 **1229.3** 萬城市困難群眾參加醫療保險

資助 **4132.5** 萬農村困難群眾參加新型農村合作醫療

低，但其增長速度是驚人的。目前，中國的專業技術人員和科學研究人員數量均居世界首位。到二〇〇九年，義務教育人口覆蓋率已達到 99.7%。至二〇一三年，高中階段教育毛入學率達到 85%，高等教育毛入學率達到 30%。

中國衛生事業不斷進步，居民享有的醫療衛生保健超過世界平均水平。目前，全國共有醫療衛生機構九十七萬多個，各類醫生 718 萬人，醫療衛生機構床位 618 萬張，均居世界首位。2489 個縣（市、區）實施了新型農村合作醫療制度，新型農村合作醫療參合率 99.0%。國家全年資助 1229.3 萬城市困難群眾參加醫療保險，資助 4132.5 萬農村困難群眾參加新型農村合作醫療。至二〇一〇年，人均預期壽命 74.8 歲，高於世界 69.6 歲的平均水平；嬰兒死亡率由新中國成立時的二百降低到二〇一〇

2013 年全國各類教育發展情況 （單位：萬人）			
各類教育	招生	在校生	畢業生
研究生	61.1	179.4	51.4
普通高等教育	699.8	2468.1	638.7
中等職業教育	698.3	1960.2	678.1
普通高中	822.7	2435.9	799.0
初中	1496.1	4440.1	1561.5
小學	1695.4	9360.5	1581.1
特殊教育	6.6	36.8	5.1

資料來源：中華人民共和國國家統計局

年的 13.9；孕產婦死亡率由新中國成立時每十萬人的一千五百人降到三十人。這些指標均處於發展中國家前列。

中國的社會保障水平也在不斷提高。在城鎮，有 2061.3 萬居民得到政府最低生活保障。在農村，有 5382.1 萬人享受農村居民最低生活保障，經濟的發展和社會的進步使中國的國際競爭力持續提高。瑞士洛桑國際管理發展學院推出的《世界競爭力年鑑》從一九九四年起開始評估中國的國際競爭力，當時中國國際競爭力排第三十四位。二〇〇六年中國國際競爭力由第三十一位上升至十九位，一年內前移了十二位。二〇〇七年，中國的國際競爭力在五十五個國家和地區中達到第十五位。在其後幾年內，中國的競爭力有所起伏，但總的態勢是在穩定中發展。二〇一三年，中國的世界競爭力名列第二十一位，比前一年上升兩位。

▌建設民主法治國家

　　在過去的一個多世紀裡，中國人民為爭取民主、自由、平等進行了不懈的奮鬥。由於國情的不同，中國人民在中國共產黨的領導下走上了中國特色社會主義民主法制建設道路。

　　二十世紀七〇年代末實行改革開放政策以來，中國進入了發展社會主義民主、建設社會主義法治國家的新時期。人民代表大會制度、中國共產黨領導的多黨合作和政治協商制度、民族區域自治制度以及基層群眾自治制度等國家民主制度得到發展和完善，公民的基本權利得到尊重和保障，中國共產黨民主執政能力進一步提高，政府民主行政能力顯著增強，司法民主體制建設不斷推進。政治體制改革不斷推進，國家領導制度、立法制

▲ 民主法治宣傳活動

度、行政管理制度、決策制度、司法制度、人事制度和監督制約制度等方面的改革取得了顯著成效。在依法治國，建設社會主義法治國家目標的指引下，社會主義民主的制度化、規範化和程序化建設不斷加強，以憲法為核心的中國特色社會主義法律體系基本形成，國家政治、經濟、社會生活的主要方面已基本做到有法可依。

中國根據自己的國情實行一院制，而不是西方國家實行的兩院制。在中國，人民通過全國人民代表大會和地方各級人民代表大會，行使國家權力。年滿十八周歲的中國公民，不分民族、種族、性別、職業、家庭出身、宗教信仰、教育程度、財產狀況、居住期限，除依法被剝奪政治權利

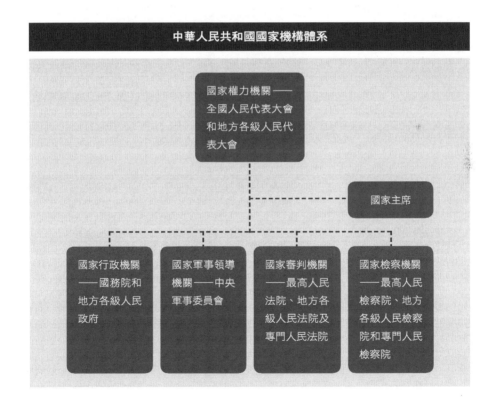

中華人民共和國國家機構體系

的人以外，都有選舉權和被選舉權。全國各級人民代表大會代表目前共有二百八十多萬人。代表有權依法提出議案、審議各項議案和報告、對各項議案進行表決，在人民代表大會各種會議上的發言和表決不受法律追究。在中國，國家行政機關、審判機關、檢察機關都由人民代表大會產生，對它負責，受它監督。國家的重大事項由人民代表大會決定。行政機關負責執行人民代表大會通過的法律、決議、決定。法院、檢察院依照法律規定分別獨立行使審判權、檢察權，不受行政機關、社會團體和個人的干涉。人民代表大會的職權主要有四項：立法、監督、人事任免、重大事項決定。

自一九七八年改革開放以來，全國人大及其常委會制定了現行有效的法律約二百四十件，國務院制定了六百九十多件行政法規，地方人大及其常委會制定了近八千六百件現行有效的地方性法規，民族自治地方的人民代表大會制定了六百多件自治條例和單行條例。中國特色社會主義法律體系已經基本形成。在中國特色社會主義法律體系中，憲法居於核心和統帥

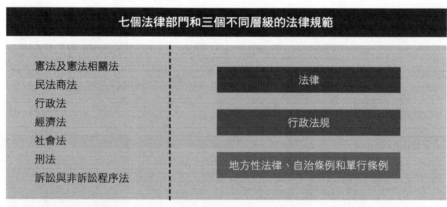

七個法律部門和三個不同層級的法律規範

憲法及憲法相關法　　法律
民法商法
行政法　　　　　　　行政法規
經濟法
社會法　　　　　地方性法律、自治條例和單行條例
刑法
訴訟與非訴訟程序法

▲ 當代中國的法律體系

▲ 二〇一二年一月十五日，浙江省政協十屆五次會議在省人民大會堂勝利閉幕。

地位。憲法規定國家的政治制度、經濟制度、公民的權利和自由等，是國家的根本法。中國特色社會主義法律體系，是由七個法律部門和三個不同層級的法律規範構成的。七個法律部門是：憲法和憲法相關法，民法商法，行政法，經濟法，社會法，刑法，訴訟和非訴訟程序法。三個不同層級的法律規範是：法律，行政法規，地方性法規、自治條列和單行條列。

　　政黨制度是由一國性質、國情所決定的。中國的政黨制度既不同於西方國家的兩黨制或多黨制，也有別於一些國家實行的一黨制，而是中國共產黨領導的多黨合作和政治協商制度。中國目前共有九個政黨。除中國共產黨外，還有中國國民黨革命委員會、中國民主同盟、中國民主建國會、中國民主促進會、中國農工民主黨、中國致公黨、九三學社、臺灣民主自治同盟。由於這些政黨大都成立於中國人民抗日戰爭（1937-1945）和解放戰爭（1946-1949）時期，是在爭取民族解放和民主自由的過程中建立

的，因此被稱為「民主黨派」。中國政黨制度的顯著特徵是：中國共產黨領導、多黨派合作，中國共產黨執政、多黨派參政。各民主黨派是與中國共產黨團結合作的親密友黨和參政黨，而不是反對黨或在野黨。各民主黨派參加國家政權，參與國家大政方針和國家領導人選的協商，參與國家事務的管理，參與國家方針政策、法律法規的制定和執行。中國人民政治協商會議是有廣泛代表性的統一戰線的組織，是中國共產黨領導的多黨合作和政治協商的重要機構，也是中國政治生活中發揚民主的重要形式。

中國是一個統一的多民族國家，迄今為止，通過識別並由中央政府確

▲ 中國民族自治區分佈示意圖

認的民族有五十六個。其中，漢族人口最多，其他五十五個民族人口較少，習慣上被稱為少數民族。二○一○年第六次全國人口普查統計，五十五個少數民族人口為一一三七八萬人，占全國總人口的百分之八點四九。世界上的多民族國家在處理民族問題方面有不同的模式，中國根據本國的歷史發展、文化特點、民族關係、民族分佈等具體情況，採用的是民族區域自治。民族區域自治，是指在國家統一領導下，在少數民族聚居地方實行區域自治，設立自治機關，行使自治權。民族自治地方分為自治區、自治州、自治縣三級。目前，全國共建立了一百五十五個民族自治地方，其中包括五個自治區、三十個自治州、一百二十個自治縣（旗）。在五十五個少數民族中，有四十四個建立了自治地方，實行區域自治的少數民族人口占少數民族總人口的百分之七十一。同時，國家還在相當於鄉的少數民

▲ 二○○九年九月二日，四川省遂寧市安居區西眉鎮竹林村舉行村民監督委員會選舉大會，一百九十七名村民代表直接選出五名村民出任第一屆監督委員會主任、副主任和委員。

族聚居的地方建立了一一七三個民族鄉，作為民族自治地方的補充形式。

中國十三點七億人口中超過一半即六點七億多人生活在農村。如何擴大和發展農村基層民主，使農民真正當家作主，充分行使自己的民主權利，是中國民主政治建設的重大問題。經過多年探索和實踐，中國共產黨領導億萬農民找到一條適合中國國情的農村基層民主政治建設的途徑，這就是實行村民自治。村民自治組織是村民委員會，村民委員會成員由村民直接選舉產生。在選舉過程中村民委員會成員候選人由村民自己提名或參加投票選舉，當場公佈選舉結果。村民的選舉熱情高漲，據不完全統計，全國農村居民的平均參選率超過百分之八十。

在半個多世紀的執政實踐中，中國共產黨形成了關於民主執政的一系列重要思想，初步建立了民主執政的制度體系，探索了民主執政的新途徑和新方法。在中國，中國共產黨的領導主要是政治、思想和組織領導，通過制定大政方針，提出立法建議，推薦重要幹部，進行思想宣傳，發揮黨組織和黨員的作用，堅持依法執政，實施黨對國家和社會的領導。在實踐中，中國共產黨不斷改革和完善領導體制和工作機制，努力探索民主執政的實踐形式，按照執政黨總攬全局、協調各方的原則，規範黨委與人大、政府、政協和人民團體的關係。以發展黨內民主帶動人民民主是中國共產黨民主執政的重要內容。經過長期不懈努力，中國共產黨逐步探索出一套適合中國國情的監督和制約權力、有效開展反腐倡廉工作的制度、機制和辦法，初步建立健全教育、制度、監督並重的懲治和預防腐敗體系。

中國各級政府按照民主執政的要求，大力加強民主行政能力建設。中國政府強調要嚴格按照法定權限和程序行使職權，在行政執法過程中，注意依法保障當事人和利害關係人的權益，堅決糾正行政執法中的以權謀私

等各種違法行為。中國政府在接受人大、政協、司法、輿論和群眾監督的同時，還建立和完善了一系列行政監督制度。中國政府按照民主行政的要求，加快政府職能轉變，大力推進管理體制和制度創新，努力建設廉潔、高效、務實政府，使政府行政充滿效率和活力。

中國不斷建立和完善司法體制和工作機制，加強司法民主建設，努力通過司法活動保障公民和法人的合法權益，在全社會實現公平和正義。中國在人民代表大會之下設立行政機關的同時，還專門設立獨立審判機關和獨立檢察機關，實行審判機關與檢察機關分開的司法體制。司法機關以事實為依據，以法律為準繩，嚴格依法辦事，懲治違法犯罪，保障公民合法權益。在制度和程序上，中國司法堅持法律面前人人平等和罪刑法定等原則，通過實行審級制度、迴避制度、公開審判制度、人民陪審員制度、人民監督員制度、律師制度、法律援助制度、人民調解制度等，維護和實現司法公正和民主，保障人民民主權利。

近年來，伴隨著國家現代化建設事業的發展，中國的民主制度不斷健全，民主形式日益豐富，民主渠道逐步拓寬，民主選舉、民主決策、民主管理、民主監督得到更廣泛的實行，人民的知情權、參與權、表達權、監督權進一步得到保障。

——中國的立法民主不斷向前推進，幾乎每一件法案的起草都採取專家座談會、論證會等形式，聽取各方面意見。一些關係人民切身利益的重大法案，在起草過程中都把草案向全民公佈徵求意見。二〇〇八年《食品安全法（草案）》發佈後，人們通過網絡、報刊、來信等不同方式提出11327 條意見。

——一九九六年頒佈的《律師法》確立了中國律師制度的基本框架。

——二〇〇四年三月，全國人大十屆二次會議審議通過的憲法修正案，將「國家尊重和保障人權」載入憲法。

　　——通過推廣政府門戶網站為窗口的電子政務、建立健全政府新聞發言人制度和突發事件新聞報導機制等工作，政府工作透明度不斷提高。

　　——社會聽證和公示已逐漸成為各級政府在作出決策時經常採用的方法。

　　——二〇〇四年七月一日，《中華人民共和國行政許可法》正式實施，確立了政許可的一系列原則和制度。

　　——二〇〇七年十月一日，《中華人民共和國物權法》正式實施，用以調整因物的歸屬和利用而產生的民事關係。此法在起草過程中向全民公佈並徵求意見。

　　——二〇一一年五月，十五社會公眾代表走進全國人大機關辦公樓，就《個人所得稅法修正案（草案）》與最高立法機關直接對話。

第七章
世界上最大的發展中國家

中國是當今世界上人口最多的發展中大國。人口眾多、資源相對不足、環境承載能力較弱,是中國現階段的基本國情,並且短時間內難以改變。中國面臨的發展問題,主要表現在不發達的經濟同人民日益增長的物質文化需求的矛盾,表現在經濟社會發展同人口、資源、環境壓力較大的矛盾。

中國現代化建設任務十分艱巨,實現發展目標還有很長的路要走。當前,中國人民正在為全面建設小康社會而奮鬥,不斷創造更加幸福美好的新生活。

▎龐大的人口負擔

　　中國最大的國情是人多，不發達。中國所面臨的人口壓力是其他國家的人們難以想像的。中國人一天所消耗的食物，基本上相當於新西蘭人一年、日本人十三天、美國人四天的消耗。人口問題是中國經濟社會發展的關鍵性因素，也是中國發展中將長期面臨的重大問題。

　　到二〇一三年末，中國有一三六〇七二萬人口，約占世界總人口的百分之二十二，是美國的四倍多，日本的十倍多，加拿大和澳大利亞的幾十倍。在中國，不管多麼小的問題，只要乘以十三億，那就成為很大的問題；不管多麼可觀的財力、物力，只要除以十三億，那就成為很低的人均

▲ 暑運高峰期間的瀋陽北站候車大廳

▲ 位於邊陲的內蒙古滿洲里市也和全國許多中小城市一樣，市區面積不斷擴大。

水平。以人均計算，中國在許多方面在世界上排名靠後。中國的國土面積
居世界第三，但人均耕地資源只有 0.103 公頃，大約是美國的十分之一，
加拿大的三十分之一；人均淡水資源只有世界平均水平的四分之一。儘管
中國的國內生產總值目前已排名世界第二，但人均很低，二〇一三年排在
世界第八十九位。

　　經過三十多年改革開放，中國的財富增長了，人民的生活水平提高
了，但仍然處在不發達國家行列。目前，全國城鎮享受最低生活保障的生
活困難人口還有二千多萬人。到二〇一三年底，按提高之後的貧困線計
算，全國農村沒有解決溫飽的貧困人口 8249 萬人，享受農村居民最低生
活保障的低收入人口有 5382 萬人。據二〇〇六年的第二次全國殘疾人人
口普查數據推算，全國各類殘疾人總數為 8296 萬。

　　上世紀七〇年代，中國開始實行人口和計劃生育政策，成功改變了中

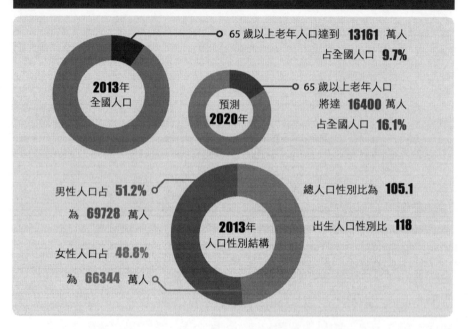

中國已進入老齡化階段

2013年全國人口 — 65 歲以上老年人口達到 **13161** 萬人　占全國人口 **9.7%**

預測 **2020年** — 65 歲以上老年人口將達 **16400** 萬人　占全國人口 **16.1%**

男性人口占 **51.2%** 為 **69728** 萬人

女性人口占 **48.8%** 為 **66344** 萬人

2013年 人口性別結構

總人口性別比為 **105.1**

出生人口性別比 **118**

國人口發展的軌跡，也遲滯了世界總人口的增長。雖然中國已經進入了低生育率國家行列，但由於人口增長的慣性作用，近幾年每年新增人口仍然達到六百多萬。

龐大的人口數量對中國經濟社會發展產生多方面影響，在給經濟社會的發展提供了豐富的勞動力資源的同時，也給經濟發展、社會進步、資源利用、環境保護等諸多方面帶來沉重的壓力。

中國已進入老齡化社會。二〇一三年，六十五歲以上老年人口達到 13161 萬人（超過日本全國總人口），占全國人口的比重達到 9.7%。據預測，到二〇二〇年，六十五歲以上老年人口將達 1.64 億，占總人口比重達 16.1%；八十歲以上老人將達二千二百萬人。中國老齡化呈現速度快、

規模大、「未富先老」等特點。

從人口性別結構看，二○一三年，男性人口占 51.2%，為 69728 萬人；女性人口占 48.8%，為 66344 萬人。總人口性別比為 105.1，出生人口性別比居高不下，達到 118，遠高於國際公認的出生人口性別比的正常水平（103-107）。

二○一三年十一月，中共十八屆三中全會通過《中共中央關於全面深化改革若干重大問題的決定》，其中指出，中國將堅持計劃生育的基本國策，啟動實施一方是獨生子女的夫婦可生育兩個孩子的政策，逐步調整完善生育政策，促進人口長期均衡發展。目前，全國各地正在積極有序推進「單獨兩孩」政策，浙江、北京、江蘇、廣西等地已開始實施該政策。

中國人口科學文化素質的總體水平還不高：一是人口粗文盲率近百分之四，仍大大高於發達國百分之二以下的水平；二是大學粗入學率大大低

▲ 在公園晨練的老人

於發達國家；三是平均受教育年限低於發達國家的人均受教育水平，略高於世界平均水平。二〇一〇年第六次全國人口普查資料顯示，中國十五歲及以上人口的人均受教育年限為 9.05 年，與發達國家之間仍存在較大差距。同時，城鄉人口受教育程度存在明顯差異。

中國 13.6 億人口中，年齡為十五歲到六十四歲的人口有十億多，比整個發達國家人口還多三億多。據預測，到二〇一六年，十五至六十四歲年齡人口將達到峰值 10.1 億，二〇二〇年仍高達十億左右。

勞動年齡人口保持增長態勢。目前，中國城鎮每年新增勞動力約千萬，農村有剩餘勞動力二億多。就業的增長主要在城市，每年都有數百萬人甚至上千萬人從農村轉移到城鎮就業，而城鎮每年平均增加約九百多萬個就業機會，難以滿足新增勞動力和失業人員的就業需要。儘管中國目前的人口自然增長率已明顯下降，婦女總和生育率已降到更替水平以下，但由於過去長期以來人口增長的慣性，總人口和勞動年齡人口都處於上升趨勢，就業形勢總體上處於供大於求的緊張局面。直到二〇三〇年，一般情況下中國每年勞動年齡人口總供給也不會低於目前的水平。

中國城鎮化水平不斷提高。由於多年來加快推進人口城鎮化和產業結構升級，人口城鎮化率以每年超過一個百分點的速度增長。二〇〇六年，全國城鎮人口占全國人口比重大約為 43.9%；二〇一〇年，城鎮人口與鄉村人口數已十分接近；二〇一一年，城鎮人口占總人口比重首次超過50%；二〇一三年，城鎮常住人口已達 73111 萬人，占總人口比重為53.73%。

在快速城市化過程中，由於農用土地變更用途成為推動經濟增長和增加財政收入的重要來源，中國各地存在大規模徵地的衝動，土地城市化的

▲ 北京舉辦的城鄉結合部地區青年流動人口就業能力項目宣傳會現場

速度較快。但與此同時，由於徵地而失去土地的農民，從鄉村社會進入城鎮社會，脫離了傳統的鄉村互助網絡，進入人際關係陌生的城市社會，並沒有因為戶籍的變更而很快完成市民化的過程。土地的城市化大大快於農民的市民化，產生了一些新的社會矛盾和衝突，這是中國發展過程中需要面對和解決的問題。

　　中國正處於並將長期處於欠發達狀態，人們快速增長的福利需求與滿足這種需求的矛盾將長期存在。中國社會保障的形勢近年來有較大改善，但仍面臨嚴竣挑戰，無論是社會保險、社會福利，還是社會救助等，都有許多工作要做。隨著社會的發展變遷，中國延續了數千年的家庭代際養老模式正受到前所未有的挑戰。中國目前的基本養老保險體制，大約覆蓋全社會從業人員的百分之六十左右，但多數農民是不享受的。即使是城鎮的從業人員，也有很多人沒有養老保險，包括大量的農民工和非正式就業人

員。醫療保障制度不夠健全。城鎮醫療保障體系覆蓋面小，農村合作醫療保障力度不夠，2.45 億流動人口的基本權益保障亟待加強。目前，中國政府正採取一系列措施，逐漸改變這種狀況。

近年來中國各年齡段人口數及比重
（單位：萬人，%）

年份	年底總人口	各年齡段人口					
		0-14 歲		15-64 歲		65 歲及以上	
		人口數	比重	人口數	比重	人口數	比重
2007	132129	25660	19.42	95833	72.53	10636	8.05
2008	132802	25166	18.95	96680	72.80	10956	8.25
2009	133450	24659	18.48	97484	73.05	11307	8.47
2010	134091	22259	16.60	99938	74.53	11894	8.87
2011	134735	22164	16.45	100283	74.43	12288	9.12
2012	135404	22287	16.46	100403	74.15	12714	9.39

發展中的差距和不平衡

　　當今的中國，在人們收入水平和生活水平不斷提高的同時，還有一些低收入者的生活較為困難，不同社會成員之間的收入差距有擴大的趨勢。社會事業發展相對滯後，教育、衛生、住房等一些涉及人民切身利益的問題還沒有得到很好解決。

　　收入差距過大、貧富分化是中國社會發展中一個比較突出的問題。據一些學者統計推斷，當前中國百分之十的最富人口與百分之十的最窮人口，兩者收入相差可能達到二十倍以上。據世界銀行測算，中國的基尼係數約為零點四七，超過零點四的國際公認警戒線。中國政府正在採取一系列措施，以規範收入分配秩序，縮小收入差距。

▲ 好收成讓河南開封農民喜笑顏開。

中國收入差距問題集中表現在：一是城鄉收入存在差距。二〇一三年，中國城鎮居民人均可支配收入為 26955 元人民幣，而農村居民人均純收入為 8896 元人民幣，城鄉人均收入比為 3.03：1。二是地區收入存在差距。二〇一二年城鎮居民人均可支配收入最高的省份（直轄市除外）是浙江，為 34550 元人民幣，最低的省份是新疆，為 17157 元人民幣；農村居民人均純收入最高的省份同樣是浙江，為 14552 元人民幣，最低的省份仍是甘肅，僅為 4495 元人民幣。三是行業收入存在差距。二〇一二年收入最高的金融業平均工資達到 89743 元人民幣，而收入最低的農、林、牧、漁業則為 22687 元，兩者之比是 3.96：1。

社會發展的不平衡是由經濟發展的不平衡造成的，而經濟發展的不平衡主要表現在城鄉（工業與農業）經濟發展的不平衡上。中國的農業主要在農村，工業主要在城市，城鄉發展不平衡可以從工農業發展不平衡看出來。「三農」（農業、農村、農民）問題，是中國經濟社會發展中頭號難題。「三農」問題的出現，從深層次上分析是長期以來中國城鄉分割的二元經濟結構所致，表現在過多的農村人口與有限且不斷減少的土地等農業生產資料的矛盾。隨著中國城鄉發展一體化進程的加速，目前，農民占中國總人口的比例已下降至 46%，第一產業（農、林、牧、漁等）從業人員有近 2.6 億，占全部就業人數的 33.6%，但創造的產值只占國內生產總值的 10.1%。

經濟發展的不平衡還表現在地區經濟發展仍不平衡。二〇一二年人均國內生產總值，西部為 31357 元人民幣，東部為 57722 元人民幣，其比值為 1：1.84，東部仍然明顯高於西部。另外行業經濟發展也不平衡。

二〇一〇年，中國發佈《國家中長期教育改革和發展規劃綱要

（2010-2020 年）》，提出要加快從教育大國向教育強國、從人力資源大國向人力資源強國邁進，到二〇二〇年，基本實現教育現代化。該《綱要》明確提出，要提高國家財政性教育經費支出占國內生產總值比例。二〇一二年，國家財政性教育支出達 21165 億元，占國內生產總值的 4.1%，達到了發展中國家的一般水平，與發達國家這一比重的差距明顯縮小，教育投入不足的問題明顯改善。但教育事業發展中仍然存在一些引人關注的問題，比如城鄉、區域、校際之間教育資源配置不平衡，受教育機會不均等，特別是貧困家庭、進城務工農民子女上學難。

　　醫療衛生方面的問題，突出表現在衛生資源配置不合理。全國約百分之八十的衛生資源集中在城市，而優質醫療衛生資源又過度集中在大城市、大醫院，社區衛生服務資源短缺，且沒有形成「預防為主」的服務體系和合理就診機制。在農村，醫療衛生資源短缺，邊遠貧困地區缺醫少藥

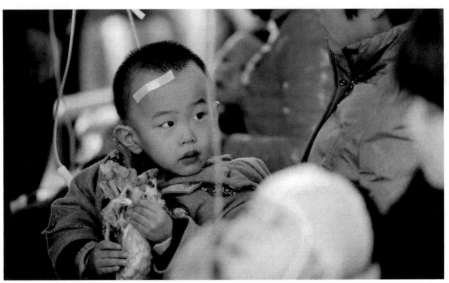

▲ 太原市婦幼保健院治療中心，眾多患兒正在接受治療。

的現象更為突出。另外，中國衛生投入相對不足，衛生總費用占 GDP 的比重二〇一一年為 5.15%，高於印度（4.2%），接近俄羅斯（5.6%），但遠低於同為金磚國家的巴西（8.8%）和南非（9.2%）。

中國人均國內生產總值已超過六千美元，經濟社會發展正處於關鍵的轉型期。這意味著中國已接近上中等收入國家平均水平線，進入了一個新的歷史轉折時期，正向高收入門檻水平邁進。國際經驗表明，達到人均國內生產總值六千美元的發展水平之後，有的國家順利實現轉型，平穩邁進高收入國家行列；還有一些則由於沒有處理好轉型期主要矛盾，經濟社會結構嚴重失衡，從而陷入停滯甚至倒退。尤其是當前的世界經濟格局已進入全面調整期，世界經濟的不確定性增大，需要在經濟結構調整中尋求新平衡點。

▲ 北京一所農民工子弟小學

二○一三年十一月，《中共中央關於全面深化改革若干重大問題的決定》明確，中國將規範收入分配秩序，完善收入分配調控體制機制和政策體系，努力縮小城鄉、區域、行業收入分配差距，從而逐步形成橄欖型分配格局，讓中等收入群體持續擴大。從國際經驗看，工業化比較成功的國家，都在工業化中期之後形成了「橄欖型」社會結構，從而有效地化解了社會矛盾。一般而言，中等收入群體比重達到百分之四十至五十，表明一個社會初步形成「橄欖型」結構，中等收入者占多數，低收入者和高收入者均占少數。目前，中國的中等收入群體比重還比較低，大約占總人口的四分之一。中國社會要形成「橄欖型」結構，還需要一段時間的轉型和調整。對中國來說，這是一個重要發展時期，既存在機遇，也面臨挑戰。

▍經濟發展與資源環境的矛盾

　　土地是最重要的生產要素之一。中國國土遼闊，但乾旱、半乾旱區占國土面積的百分之五十二，高寒缺氧的青藏高原面積達二百四十萬平方公里，水土流失嚴重的黃土高原面積達六十四萬平方公里，石漠化的岩溶地區面積達九十萬平方公里。中國現有耕地約 1.22 億公頃，這是保證中國經濟社會發展的一條耕地底線。中國的耕地面積不到 0.1 公頃，不到世界平均水平的二分之一，並且中低產田占耕地總面積的近百分之七十。對於要養活 13.6 億人口的中國來說，耕地保護的壓力巨大。

　　中國經濟增長很快，但高投入、高能耗、高物耗、高污染、多占地的粗放經濟增長方式未能根本改變。特別是目前中國正處在工業化、城鎮化快速發展時期，由於能源和各種資源消費強度較高，污染排放較重，經濟

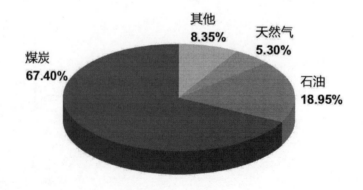

2012年中國能源消費結構

煤炭
67.40%

其他
8.35%

天然气
5.30%

石油
18.95%

發展與資源環境的矛盾越來越突出。

經濟增長過分依賴第二產業，低能耗的第三產業發展滯後、比重偏低，這是造成消耗大污染重的一個重要原因。二〇一三年，中國第三產業增加值占國內生產總值的比重為 46.1%，超過了第二產業增加值所占比重（43.9%）；但發達國家第三產業的比重大多超過 70%，與之相比，中國仍有較大差距。

目前，中國已超過美國、俄羅斯，成為世界上第一大能源生產國和消費國。二〇一三年，中國一次能源生產總量三十四億噸標準煤，全年能源消費總量則為 37.5 噸標準煤。然而，由於人口眾多，中國又是一個能源資源相對匱乏的國家，而且消費結構不合理。

中國的能源資源擁有量低。目前，中國人均石油資源為世界平均值的 17.1%，人均天然氣資源為世界平均值的 13.2%。中國是煤炭資源大國，但人均煤炭資源只有世界平均值的 42.5%。

中國能源資源分佈廣泛但不均衡。煤炭資源主要賦存在華北、西北地區，水力資源主要分佈在西南地區，石油、天然氣資源主要集中在東、中、西部地區和海域。中國主要的能源消費地區集中在東南沿海經濟發達地區。大規模、遠距離的北煤南運、北油南運、西氣東輸、西電東送，是中國能源流向的顯著特徵和能源運輸的基本格局。

中國的資源需求增長較快。上世紀九〇年代，中國石油消費量年均增長 7.2%，天然氣年均增長 9.3%，鋼年均增長 9.3%，銅年均增長 11.2%。本世紀初的幾年，中國的能源消費年均增長達兩位數，遠高於世界年均增長率的 3%。近年來，中國已將控制能源消費過快增長作為重要目標，二〇一二年、二〇一三年中國能源消費只分別增長 3.9%、3.7%，有了顯著

▲ 中國新型煤化工產業正處於快速發展期。

的下降。

在能源技術上，中國已經取得很大進步，但與發展的要求和國際先進水平相比，還有較大差距。可再生能源、清潔能源、替代能源等技術的開發發展較快，但節能降耗、污染治理等技術的應用還不夠廣泛。二〇一〇年，中國單位國內生產總值能耗為世界平均水平的 2.2 倍，遠高於美國、日本、歐洲等先進國家。

粗放型經濟導致低效率和低產出。中國勞動生產率明顯低於西方發達國家。雖然近年來中國勞動生產率提升很快，二〇一〇年的勞動生產率比一九九〇年增長一倍以上，但是仍不到經濟合作與發展組織（OECD）國家的一半水平，也不如拉美國家。中國科學院的報告認為，中國的勞動生產率只相當於美國的十二分之一，日本的十一分之一。

經濟粗放型發展又帶來嚴重污染，雖然中國採取多種措施，使主要污染物排放量逐年下降，但污染物排放量仍居高不下，二〇一二年，全國廢水中化學需氧量排放量 2423.7 萬噸，廢氣中二氧化硫排放量 2117.6 萬噸。中國生態環境保護任重道遠。

樹立科學發展觀

本世紀初，中國共產黨和中國政府通過總結改革開放以來經濟社會發展的得失，汲取世界各國現代化建設的經驗教訓，分析新世紀新階段中國發展面臨的條件、情況和大勢，提出了以科學發展觀統領經濟社會發展全局的戰略思想。

科學發展觀，第一要義是發展，核心是以人為本，基本要求是全面協調可持續，根本方法是統籌兼顧。

——發展就是堅持以經濟建設為中心，聚精會神搞建設，一心一意謀發展，不斷解放和發展社會生產力。

——以人為本就是要把全體人民的利益放在第一位，以促進人的全面發展為中心，實現全體人民的願望、滿足全體人民的需要、維護全體人民的利益。

——全面協調可持續發展就是要推進經濟、政治、文化和社會建設，實現經濟發展與人口資源環境相協調，使整個社會走上生產發展、生活富裕、生態良好的文明發展道路，

——統籌兼顧就是要正確認識和妥善處理中國現代化建設中的重大關係，做到總攬全局、統籌規劃。

由此，中國轉變發展觀念、創新發展模式、提高發展質量，努力實現經濟社會又好又快的發展，取得了積極成效。中國堅持將環境保護和生態建設作為一項基本國策，積極應對全球環境領域面臨的共同問題，努力建設環境友好型社會，建設美麗中國。

堅持加強和改善宏觀調控，加快經濟結構調整和自主創新。針對經濟運行中投資增長過快、貨幣信貸投放過多、外貿順差過大等發展中突出問題，中央政府採取了一系列宏觀調控措施。通過採取加強土地控制，加強貨幣信貸管理，加強財政、稅收對經濟運行的調節，以及加強房地產市場調控和監管等措施，避免了經濟大起大落；著力優化產業結構，制定並實施了鋼鐵、煤炭、水泥等十一個行業結構調整的政策措施，淘汰落後生產能力。大力發展服務業，提升工業層次和水平，推進國民經濟和社會信息化。加快發展高新技術產業，振興裝備製造業，積極發展可再生能源，有序發展替代能源。實施國家重大科技專項，努力攻克事關國計民生和國家安全的核心關鍵技術。加強基礎研究、前沿技術研究和社會公益研究。

堅持節約優先、立足國內、多元發展、保護環境的能源戰略，構築穩定、經濟、清潔的能源供應體系，努力建設資源節約型社會。堅決實行最嚴格的土地管理制度。中國能源供應主要立足國內，多年來自給率一直保持在百分之九十以上。

更加重視節能降耗、保護環境和節約集約用地。完善節能降耗、污染減排政策，普遍建立節能減排目標責任制。積極推進重點行業、重點企業和重點工程的節能工作，開展循環經濟試點。完善並嚴格執行能耗和環保標準，堅決淘汰落後生產能力，加快節能環保技術進步。

近年來中國各級政府做了大量工作，加大污染治理和環境保護力度。二〇〇六年至二〇一〇年間，關停小火電機組 7682.5 萬千瓦，淘汰落後煉鐵產能 12000 萬噸、煉鋼產能 7200 萬噸、水泥產能 3.7 億噸等，在關閉造紙、化工、紡織、印染、酒精、味精、檸檬酸等重污染企業方面都取得積極進展。

▲ 新疆烏魯木齊風力發電站

　　中國把節約能源作為一項重大戰略，大力發展循環經濟，努力以最小的資源消耗實現發展。從二〇〇六年起，GDP 單位能耗由前幾年的上升轉為下降，二〇一二年、二〇一三年，分別下降百分之三點六、三點七。中國堅持能源多元化發展戰略，有序發展煤炭，積極發展電力，實行油氣並舉。近年來，國家大力發展風能、生物能、太陽能、地熱能和海洋能等新能源和可再生能源，優質清潔能源消費的比重逐步上升。中國已提出到二〇二〇年，使可再生能源在能源結構中的比重從百分之七提高到百分之十六左右。

　　在推進經濟發展的同時，中國採取一系列措施加強環境保護。國家堅持預防為主、綜合治理，強化從源頭防止污染和保護環境，充分運用法律、經濟、技術和必要的行政手段保護環境；堅持全面推進、重點突破，著力解決危害人民健康和影響可持續發展的突出環境問題；堅持保護優先、開發有序，以控制不合理的資源開發活動為重點，強化對自然資源的

生態保護；堅持資源節約，積極倡導環境友好的消費方式，不斷培育促進環境友好的社會氛圍；堅持把污染防治與生態保護相結合，努力改善生態環境質量。

中國的環境保護工作取得了積極進展。目前，環境污染和生態破壞加劇的趨勢減緩，部分流域污染治理初見成效，部分城市和地區環境質量有所改善，工業產品的污染排放強度有所下降，全社會環境保護意識進一步增強。城市空氣質量總體趨於好轉。二〇一一年，在監測的三百三十個城市中，有二百九十三個城市空氣質量達到二級以上（含二級）標準，占監測城市數的 88.8%。主要污染物排放總量逐年下降。二〇一二年化學需氧量、二氧化硫排放量分別比上年下降 3.05%和 4.52%。林業生態建設穩步發展，荒漠化和沙化整體擴展的趨勢得到初步遏制。目前，全國森林面積達到 2.08 億公頃，森林覆蓋率達 21.63%，保持上升；但濕地總面積有所

▲ 二〇一二年四月中旬，湖北宜昌市首個垃圾填埋氣發電站——黃家灣垃圾填埋場填埋氣發電項目建成通過驗收，即將並網輸電。

減少，目前為 5360.26 萬公頃，濕地受威脅壓力加大。

　　國家堅持實施區域發展總體戰略，統籌兼顧、合理規劃、發揮優勢、落實政策，促進區域協調發展。西部大開發紮實推進，鞏固和發展退耕還林、退牧還草成果，實施天然林保護、防沙治沙等重點生態工程。振興東北老工業基地工作順利展開，加大產業結構調整力度，加強商品糧基地建設，加快舊城改造。促進中部地區崛起的政策開始實施，加強糧食生產能力和能源、原材料、交通運輸體系建設。東部地區率先發展取得新成就，產業結構繼續優化，自主創新能力和國際競爭力增強。

努力構建和諧社會

在中國這樣一個人口眾多、發展不平衡的大國進行現代化建設，必須按照民主法治、公平正義、誠信友愛、充滿活力、安定有序、人與自然和諧相處的總要求，以解決全體人民最關心、最直接、最現實的利益問題為重點，著力發展社會事業、促進社會公平正義、建設和諧文化、完善社會管理、增強社會創造活力、走共同富裕道路，推動社會建設與經濟建設、政治建設、文化建設協調發展。

針對中國社會發展的實際和存在的一些影響社會和諧的矛盾和問題，中國提出了構建社會主義和諧社會的重大戰略思想。到二○二○年，構建

▲ 12.4 法制宣傳日來臨之際，山東聊城大學生命科學學院志願者們走進聊城市金柱大學城在建工地，開展「關注社會，普法先行」宣傳活動。

社會主義和諧社會的目標和主要任務是：社會主義民主法制更加完善，依法治國基本方略得到全面落實，人民的權益得到切實尊重和保障；城鄉、區域發展差距擴大的趨勢逐步扭轉，合理有序的收入分配格局基本形成，家庭財產普遍增加，人民過上更加富足的生活；社會就業比較充分，覆蓋城鄉居民的社會保障體系基本建立；基本公共服務體系更加完備，政府管理和服務水平有較大提高；全民族的思想道德素質、科學文化素質和健康素質明顯提高，良好道德風尚、和諧人際關係進一步形成；全社會創造活力顯著增強，創新型國家基本建成；社會管理體系更加完善，社會秩序良好；資源利用效率顯著提高，生態環境明顯好轉；實現全面建設十幾億人口的更高水平的小康社會的目標，努力形成全體人民各盡其能、各得其所而又和諧相處的局面。

近年來，中國中央政府和各級地方政府採取各種有力舉措，在構建和諧社會方面邁出重要步伐。

在教育事業發展方面，中國政府堅持把教育放在優先發展的戰略地位，加快各級各類教育的發展，總的佈局是，普及和鞏固義務教育，加快發展職業教育，著力提高高等教育質量。中央政府財政對教育、衛生和文化事業的投入逐年增長。二〇〇七年，中國在全國農村免除義務教育階段的學雜費；從二〇〇八年開始，則在全國範圍內全面免除城市義務教育階段學生學雜費。此項政策惠及全國 2.59 萬所城市中小學的 2821 萬學生，每位學生每年可免交一百九十元至三百五十元不等的費用。中國正在深化教育綜合改革，積極穩妥改革考試招生制度，努力為下一代提供良好的教育，使每一個孩子有公平的發展機會。

在衛生事業發展方面，中國著眼於建設覆蓋城鄉居民的基本衛生保健

▲ 廣西融安縣大坡鄉中心小學食堂，學生們在排隊領取免費營養午餐。

制度。積極推行新型農村合作醫療制度，二〇一三年末，全國 2489 個縣（市、區）實施了新型農村合作醫療制度，新型農村合作醫療參合率達 99.0%。同時加快建設以社區為基礎的新型城市衛生服務體系。國家已啟動大病統籌為主的城鎮居民基本醫療試點，政府向經濟困難者提供必要的資助。二〇一二年，中央財政安排醫療衛生支出 2048.2 億元。二〇一三年，政府共資助 1229.3 萬城市困難群眾參加醫療保險，資助 4132.5 萬農村困難群眾參加新型農村合作醫療。中國正在推動醫改向縱深發展，通過改革整合城鄉居民基本醫療保險制度，城鄉居民基本醫保財政補助標準將提高到人均三百二十元。縣級公立醫院綜合改革試點擴大到一千個縣，覆蓋農村五億人口。

在就業和社會保障方面，國家進一步完善和落實就業和再就業扶持政策，多渠道開發就業崗位，積極支持自主創業和自謀職業。經過多年努

▲ 二〇一三年十一月二十八日，陝西省寧強縣完全託管形式的縣鎮一體化試點醫院──寧強縣天津醫院（2008 年汶川地震後由天津市對口援建）青木川分院掛牌成立。

力，國有企業下崗職工基本生活保障向失業保險並軌基本完成。全面推行勞動合同制度，保障勞動者合法權益。加強社會保障體系建設，二〇一二年中央財政安排社會保障和就業支出 5753.73 億元，進一步完善了就業和社會保障制度體系。繼續完善企業職工基本養老保險制度，加快建立適合農民工特點的社會保障制度。完善城鄉社會救助體系，社會救助體系框架基本建立，健全城市居民最低生活保障制度、城鄉醫療救助制度、城市生活無著的流浪乞討人員救助制度。

在推進城鄉協調發展方面，自二〇〇六年起在全國範圍內取消了農業稅和農業特產稅，終結了延續二千六百多年農民種地交稅的歷史，並對種糧農民進行補貼，使農業連年增產。加大對農村基礎設施建設的投入，農

▲ 山西省太原市就業介紹服務中心推行「一卡式」社會保障卡，為就業人員提供方便。

村水利、道路、電網、通信、安全飲水、沼氣等建設加快。多渠道增加農民收入，努力增加種養業、林業收入，積極發展農村二三產業，大力推進農業產業化經營。

在司法體制建設方面，努力從制度上保障審判機關和檢察機關依法獨立公正地行使審判權和檢察權，更好地維護人民的民主權利和合法權益，維護社會的公平與正義。死刑核准權統一收歸最高人民法院行使，死刑案件辦理程序進一步完善。審判公開、檢務公開進一步深化，健全了對訴訟活動的檢察監督機制，特別是對司法工作人員瀆職行為的監督機制。建立起統一的司法鑑定管理體制。

二〇〇七年十月召開的中國共產黨第十七次全國代表大會，再一次明確提出了到二〇二〇年實現全面建設小康社會的奮鬥目標。到二〇二〇年全面建設小康社會目標實現之時，中國這個歷史悠久的文明古國和發展中

的社會主義大國，將成為工業化基本實現、綜合國力顯著增強、國內市場總體規模位居世界前列的國家，成為人民富裕程度普遍提高、生活質量明顯改善、生態環境良好的國家，成為人民享有更加充分民主權利、具有更高文明素質和精神追求的國家，成為各方面制度更加完善、社會更加充滿活力而又安全團結的國家，成為對外更加開放、更加具有親和力、為人類文明作出更大貢獻的國家。

二〇一二年十一月召開的中國共產黨第十八次全國代表大會，提出確保到二〇二〇年實現全面建成小康社會宏偉目標。十八大報告重申，中國將在中國共產黨成立一百年時全面建成小康社會，在新中國成立一百年時建成富強民主文明和諧的社會主義現代化國家，在中國特色社會主義道路上實現中華民族偉大復興，創造中國人民和中華民族更加幸福美好的未來。

第八章

美好中國夢

中華文明對人類發展作出過重要貢獻。自近代以來,中華民族遭受的苦難之重、付出的犧牲之巨大,在世界歷史上都是罕見的。實現中華民族偉大復興,成為一代代中華兒女的夙願和為之奮鬥的目標。帶領全國人民實現這一目標是歷史賦予中國共產黨人的重大使命。

中國人民選擇了中國特色社會主義道路。中共十八大報告提出,在中國共產黨成立一百年時全面建成小康社會,在新中國成立一百年時建成富強民主文明和諧的社會主義現代化國家。這兩個百年目標,是中國未來的奮鬥目標,體現了國家富強、民族振興、人民幸福的「中國夢」。

中國夢是和平、發展、合作、共贏的夢,與各國人民的美好夢想息息相通。中國夢將中國復興與世界進步融為一體,成為連接中國與世界的重要紐帶。

▌兩個百年目標

一九八七年八月，鄧小平在會見意大利客人時指出：「我國經濟發展分三步走，本世紀走兩步，達到溫飽和小康，下個世紀用三十年到五十年時間再走一步，達到中等發達國家的水平。這就是我們的戰略目標，這就是我們的雄心壯志。」後來，這個目標在全黨、全社會形成共識。從中共十四大到十八大，這個目標不斷充實。

二十一世紀來臨前召開的中共十五大勾勒出「新三步走」戰略目標：到二○一○年，實現國民生產總值比二○○○年翻一番，使人民的小康生活更加寬裕，形成比較完善的社會主義市場經濟體制；到建黨一百年（即

▲ 一九八七年八月二十九日，鄧小平會見義大利共產黨領導機構成員、眾院議長約蒂（左一），賓主在攝影燈的映照下交談。

2021 年）時，使國民經濟更加發展，各項制度更加完善；到二十一世紀中葉建國一百年（即 2049 年）時，基本實現現代化，建成富強民主文明的社會主義國家。二〇〇二年十一月，中共十六大又新增奮鬥目標：二十一世紀頭二十年國內生產總值比二〇〇〇年翻兩番、全面建設更高水平的小康社會；到本世紀中葉基本實現現代化，把中國建成富強民主文明的社會主義國家。二〇〇七年十月，中共十七大提出了本世紀前二十年人均國內生產總值比二〇〇〇年翻兩番、全面建設小康社會的任務。

到二〇一〇年，「新三步走」的第一步戰略目標已圓滿實現，中國經濟總量躍升到世界第二位。二〇一二年十一月，中共十八大指出，將在中國共產黨成立一百年時全面建成小康社會，在新中國成立一百年時建成富強民主文明和諧的社會主義現代化國家。由此，中國未來數十年的復興夢想具體化為「兩個一百年」的總規劃、總追求。

中華民族的偉大復興，不是回到曾經有過的輝煌，而是在新的歷史條件下重新在世界民族之林中占有輝煌地位，其核心就是中國的現代化。鄧小平借用傳統，給這個「中國式的現代化」起了一個名字「小康」。「小康」一詞出自古老的中國經典《詩經》，歷史上所說的 「小康」，是一種理想的社會模式，是一種安樂和諧的社會。所謂「小康社會」，指的是個「大社會」，經濟、政治、文化等無所不包。

二〇〇〇年十月，中共十五屆五中全會曾宣佈，中國已經實現了現代化建設的前兩步戰略目標，人民生活總體上達到了小康水平。但是，這個「小康」還只是低標準、偏重於物質消費、發展不均衡的小康。中共十六大提出，全面建設惠及十幾億人口的更高水平的小康社會，使經濟更加發展、民主更加健全、科教更加進步、文化更加繁榮、社會更加和諧、人民

生活更加殷實。中共十七大提出到二○二○年，人均國民生產總值要比二
○○○年翻兩番，區別於十六大提出的國民生產總值翻兩番的設想，意味
著中國的發展速度必須更快，並且經濟增長要以優化結構和提高效益為基
礎，節能減排、推進人與自然和諧的目標被強化。中共十八大則提出，確
保到二○二○年實現全面建成小康社會宏偉目標，在發展平衡性、協調
性、可持續性明顯增強的基礎上，實現國內生產總值和城鄉居民人均收入
比二○一○年翻一番。可以說，中國關於「小康社會」的標準在不斷提
高，關於「兩個一百年」的目標在不斷明確和推進。

再有不到十年，中國共產黨的奮鬥將滿百年；再有不到四十年，新中
國將迎來百年誕辰。相關監測結果顯示，到二○一○年，全國全面建設小
康社會的實現程度達到 80.1%，比二○○○年提高 20.5 個百分點，其中
經濟發展方面的進展最為突出。從人均水平看，根據世界銀行的報告，二
○一○年中國的人均國民總收入為 4260 美元，首次超過世界銀行當年界
定的中高收入（upper middle income，UMC）國家 3976 美元分界線，進
入中上收入經濟體行列。這種發展速度是舉世矚目的。人們沒有理由懷
疑，中國將實現「兩個一百年」的發展目標，將中華民族偉大復興的夢想
變成現實。

內涵豐富的中國夢

二〇一二年十一月中共新一屆領導集體上任以來，「中國夢」迅速成為解讀中國發展趨勢的關鍵詞。中國領導人習近平在國內國際多個場合，結合不同工作內容就「中國夢」的具體內涵、奮鬥目標、總體佈局、實現路徑等進行了系統闡釋。可以說，「中國夢」中容納了比「小康社會」更豐富的內容，凝聚了幾代中國人的夙願，體現了中華民族和中國人民的整體利益。如今，「中國夢」已成為在中國婦孺皆知、在國際上引發廣泛關注的一個詞彙。

近日，英國最大的廣告和公關集團 WWP 集團發佈《中國夢的力量與潛力》調查報告，認為「中國夢」的吸引力未來可超越「美國夢」。中國夢正在成為激勵中國人發憤前行的精神動力和共同願景，在理論探討和具體實踐中，人們賦予了這一概念豐富而深刻的內涵。

二〇一二年十一月，習近平在參觀「復興之路」展覽時談到「中國夢」時指出：「現在，大家都在討論中國夢，我以為，實現中華民族偉大復興，就是中華民族近代以來最偉大的夢想。這個夢想，凝聚了幾代中國人的夙願，體現了中華民族和中國人民的整體利益，是每一個中華兒女的共同期盼。」二〇一三年四月，他在博鰲亞洲論壇二〇一三年年會上作主旨演講時再次指出：「我們的奮鬥目標是，到二〇二〇年國內生產總值和城鄉居民人均收入在二〇一〇年的基礎上翻一番，全面建成小康社會；到本世紀中葉建成富強民主文明和諧的社會主義現代化國家，實現中華民族偉大復興的中國夢。」「我們也認識到，中國依然是世界上最大的發展中

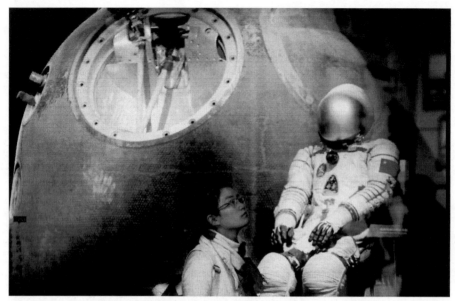

▲ 《復興之路》展覽中，航天員楊利偉穿過的航天服吸引眾多市民駐足欣賞。

國家，中國發展仍面臨著不少困難和挑戰，要使全體中國人民都過上美好
生活，還需要付出長期不懈的努力。我們將堅持改革開放不動搖，牢牢把
握轉變經濟發展方式這條主線，集中精力把自己的事情辦好，不斷推進社
會主義現代化建設。」

「人民對美好生活的嚮往，就是我們的奮鬥目標」。二〇一二年十一
月十五日，在新一屆中央政治局常委媒體見面會上，中共中央總書記習近
平近二十分鐘的講話，說的最多的是人民，份量最重的是民生。他講話中
的這一段尤其引人關注：「我們的人民熱愛生活，期盼有更好的教育、更
穩定的工作、更滿意的收入、更可靠的社會保障、更高水平的醫療衛生服
務、更舒適的居住條件、更優美的環境，期盼著孩子們能成長得更好、工
作得更好、生活得更好。」二〇一三年三月十七日，新當選的中國國家主

席習近平在十二屆全國人大一次會議閉幕會上，向全國人大代表發表自己的就任宣言，在將近二十五分鐘的講話中，他九次提及「中國夢」，四十四次提到「人民」。他所列舉的「十個更好」，直指中國民眾最關心的話題：教育、就業、收入分配、醫療、住房……這些都是民生領域的關鍵詞，「十個更好」是對民生關切的積極回應，具體而明確地向人民描繪了未來的幸福生活圖景。這也正是「中國夢」為中國人勾勒的未來社會建設的美好願景。

中國夢的基本內涵就是國家富強、民族振興、人民幸福。

經過六十多年的努力，中國取得了輝煌的發展成就，社會生產力、綜合國力、人民生活水平大幅度躍升。但同時，中國仍然是世界上最大的發展中國家，正處於經濟社會發展的關鍵時期和改革開放的攻堅階段；既面

▲ 二〇一三年三月十七日，北京，十二屆全國人大一次會議舉行閉幕會。

▲ 北京人定湖公園內的音樂愛好者

臨難得的歷史機遇，也面臨諸多可以預見和難以預見的風險挑戰。在這個階段，中國人民追求國家富強、民族振興、人民幸福的願望強烈而迫切，實現中國夢的動力強大。

中國夢的最大特點是將國家、民族和個人作為一個命運的共同體，把國家利益、民族利益和每個人的具體利益都緊緊地聯繫在一起。中國夢是「個人夢」和「家國夢」的交織體，個人夢想的實現離不開家國夢的支撐。在實踐中，中國各行業夢、各地結合其具體情況，提出了各自的中國夢。比如，為了實現自己的中國夢，中國年青一代正努力將「中國製造」升級為「中國創造」，以提升中國品牌的國際影響力。

中國夢是追求幸福的夢，是中華民族的夢，是每個中國人的夢，同時也是為世界作貢獻的夢。帶著民族復興的中國夢，中國又站在新的歷史起

點。

　　中國夢也屬於世界。中國在謀求自身的發展中，也促進各國共同發展，在追求本國利益時，也兼顧他國合理關切，堅持把本國人民利益同世界各國人民利益結合起來，以更加積極的態度參與國際事務，共同應對全球性挑戰。

「五位一體」的發展藍圖

二〇一二年十一月八日，中共中央總書記胡錦濤代表十七屆中央委員會向中共第十八次代表大會作了題為《堅定不移沿著中國特色社會主義道路前進為全面建成小康社會而奮鬥》的報告，指出：建設中國特色社會主義，總依據是社會主義初級階段，總佈局是五位一體，總任務是實現社會主義現代化和中華民族偉大復興。所謂「五位一體」，指的是經濟建設、政治建設、文化建設、社會建設、生態文明建設五個方面協調發展，為全面建成小康社會、實現「中國夢」提供強有力的保障。這個五位一體的建設總佈局，納入和突出了了生態文明建設，成為中國未來發展的一張脈絡

▲ 二〇一二年十一月十四日，中國共產黨第十八次全國代表大會在北京人民大會堂勝利閉幕。

分明的藍圖，標誌著中國的現代化建設進入新的歷史階段。

　　這個五位一體的總佈局是一個有機整體，其中經濟建設是根本，政治建設是保證，文化建設是靈魂，社會建設是條件，生態文明建設是基礎。只有堅持五位一體建設全面推進、協調發展，才能形成經濟富裕、政治民主、文化繁榮、社會公平、生態良好的發展格局。落實這個發展藍圖，對中國共產黨和全體中國人民提出了更高的要求。

　　經濟建設。在過去的三十多年裡，中國經濟保持快速增長，是世界經濟同期年均增長率百分之三的三倍多，即使在二〇〇九年國際金融危機衝擊下仍保持高速增長。在推動民族偉大復興的征程中，中國始終將提高人民生活水平作為核心目標。截至二〇一二年，中國城鄉居民人均可支配收

▲ 二〇一三年六月二十六日，內蒙古四子王旗主著陸場，神十回收艙被吊上汽車。

入分別從一九四九年的不足百元和不足五十元，提高到 24500 多元和 7900 多元；城鎮和農村居民食品消費支出占消費總支出的比重分別為 36.2%和 39.3%，比一九七八年改革開放啟動時分別降低了二十一個百分點和 28 個百分點，人民生活發生了根本性的改變。二〇一二年十一月召開的中共十八大和同年底召開的中央經濟工作會議都把「加強民生保障，提高人民生活水平」作為重要工作。中國將致力於進一步改善人民的生活水平，努力讓全中國人民共享改革開放和社會主義現代化的成果。

政治建設。實現人民民主是中國共產黨和中國人民始終不渝的奮鬥目標。為切實保證人民能夠當家作主，中國確立人民代表大會制為國家的根本政治制度，始終堅持和完善多黨合作和政治協商制度，探索形成了在民族問題上實行統一的多民族國家中的民族區域自治制度，積極推進基層民

▲ 二〇一三年十月十八日，重慶市永川區永榮鎮子莊村黨總支換屆選舉大會在村會議室舉行。

主自治建設，廣大民眾的參與意識、權利意識、自主意識等不斷增強。目前，在農村，實行村民會議或村民代表會議制度，制定村民自治章程或村規民約，建立了民主理財、財務審計、村務管理等制度，探索出了公推直選、兩推一選等基層選舉的有效方式，保證廣大農民的民主權利。在城市，以完善城市居民自治，建設管理有序、服務完善、環境優美、文明祥和為目標的新型社區正在全國建立。

文化建設。文化是民族的血脈，是人民的精神家園。近年來，人們日益認識到文化對社會進步與發展的重要推動作用，認識到文化軟實力的巨大價值。全面建成小康社會，實現中華民族偉大復興，必須推動文化發展繁榮，提高國家文化軟實力，發揮文化引領風尚、教育人民、服務社會、推動發展的作用。國家對公共文化事業的投入不斷加大。據統計，「十一

▲ 二〇一四年四月，戲曲愛好者在南通伶工學社欣賞越劇流派演唱會的精彩演出。

五」期間（2006-2010），全國文化事業費總計達 1220.41 億元，是「十五」時期（2001-2005）的 2.46 倍。「十二五」規劃（2011-2015）更是將文化建設作為提高國家軟實力的重要途徑。近年來，文化產業發展迅速，對國民經濟增長的貢獻不斷上升。中國的非物質文化遺產保護事業起步較晚，但是發展非常迅速，現在已經步入世界先進行列。在世界文化遺產申報和保護方面，中國現在也已位居世界前列。

在文化交流方面，中國大力推動對外文化交流，增強中國文化的海外影響力。目前中國已經和世界上一百六十多個國家和地區建立了良好的文化交流關係。全球孔子學院的廣泛設立和漢語熱的興起，也意味著中國文化國際影響力的不斷增強。

社會建設。對於中國這樣一個經濟社會快速發展的人口大國來說，社會管理的任務異常艱巨而繁重。經過長期探索和實踐，目前中國已經構建起比較完善的社會管理組織網絡，制定了社會管理基本法律法規，推行網格化管理、信息化平台等具有時代性和實效性的新經驗、新成果，有力地維護了社會大局的和諧穩定。

中國把改善民生列為國家工作的重要內容，積極推進教育事業發展，積極探索建立與社會主義市場經濟體制相適應的社會保障制度。二〇〇二至二〇一二年，全國共實現城鎮新增就業一億多人。與此同時，中國政府不斷深化醫療衛生體制改革，目前中國的基本醫療保險制度已覆蓋超過十二億人口。二〇一二年，中共十八大提出了「學有所教、勞有所得、病有所醫、老有所養、住有所居」的「五個有」目標，致力於讓人民過上更好的生活。十八大後，一項項惠及民生的好政策相繼出臺，比如流動人口子女異地高考方案、居民收入倍增計劃等。截至二〇一三年二月，全國已有

▲ 湖北武漢一公共自行車智能租還車服務站點的公租自行車

二十五個省份調整最低工資標準，平均增幅 20.2%。同時，醞釀已久、備受關注的收入分配制度改革方案出臺，城鎮保障性安居工程建設加速發展，這些保證了廣大民眾安居樂業。

　　生態文明建設。生態文明是人類對傳統文明形態特別是工業文明進行深刻反思的成果，是人類文明形態和文明發展理念、道路和模式的重大進步。它與中國傳統文化中人與自然、人與人、人與社會和諧共生的理念也是契合的。中國在加強經濟建設的同時，將環境治理與生態建設放在特別重要的位置。二〇一二年十一月，中共十八大報告指出，建設生態文明，是關係人民福祉、關乎民族未來的長遠大計；中國將把生態文明建設放在突出地位，努力建設美麗中國，實現中華民族永續發展。這些提法得到社

會各界的強烈共鳴，理念的進步大大推動了實踐的步伐。中國正逐漸告別「黑色發展」，走上綠色發展之路。從十七大到十八大的十年間，從峇里島到哥本哈根、德班，歷屆氣候大會上，中國帶頭許下並切實履行綠色發展的莊嚴承諾，中華民族對子孫、對世界負責的精神也將越來越得到各國人民的認同和讚賞。

改革再出發

　　進入二十一世紀以來，中國延續了良好的發展勢頭，戰勝各種風險、困難和挑戰，取得一系列新的歷史性成就，綜合國力、國際競爭力、國際影響力顯著提高。但與此同時，國內外環境發生極為廣泛而深刻的變化，中國發展面臨一系列突出矛盾和挑戰：發展中不平衡、不協調、不可持續問題依然突出，科技創新能力不強，產業結構不合理，發展方式依然粗放，城鄉區域發展差距和居民收入分配差距依然較大，社會矛盾明顯增多，教育、就業、社會保障、醫療、住房、生態環境、食品藥品安全、安全生產、社會治安、執法司法等關係群眾切身利益的問題較多，部分群眾生活困難，形式主義、官僚主義、享樂主義和奢靡之風問題突出，一些領域消極腐敗現象易發多發，反腐敗鬥爭形勢依然嚴峻，等等。中國的發展進入一個新階段，改革進入攻堅期和深水區，一連串的難題期待破解。中國能否實現順利轉型，跨越所謂「中等收入陷阱」，面臨許多考驗。要解決這些問題，關鍵在於全面深化改革。

　　二〇一三年十一月，中共十八屆三中全會作出《中共中央關於全面深化改革若干重大問題的決定》。決定提出了中國全面深化改革的思路和方案，從長遠來看，這個《決定》對中國個人、社會、國家和世界都會產生深遠影響。有媒體評論說，這次全會的歷史任務與定位十分清楚，就是要將「改革尚未成功」的改革繼續下去，「開放尚未徹底」的開放繼續下去。

　　一九九二年，鄧小平在南方談話中說：「不堅持社會主義，不改革開放，不發展經濟，不改善人民生活，只能是死路一條。」正是從歷史經驗

和現實需要的高度，中共中央強調，實踐發展永無止境，解放思想永無止境，改革開放也永無止境，停頓和倒退沒有出路，改革開放只有進行時、沒有完成時。這個全會決定凝聚了全黨全社會關於全面深化改革的思想共識和行動智慧，其所涉及的重大問題和重大舉措包括：

第一，關於使市場在資源配置中起決定性作用和更好發揮政府作用。這是這次全會決定提出的一個重大理論觀點。經濟體制改革仍然是全面深化改革的重點，經濟體制改革的核心問題仍然是處理好政府和市場關係。作出這一定位，有利於轉變經濟發展方式、轉變政府職能和抑制消極腐敗現象。

第二，關於堅持和完善基本經濟制度。

第三，關於深化財稅體制改革。這次全面深化改革，財稅體制改革是重點之一。主要涉及改進預算管理制度，完善稅收制度，建立事權和支出責任相適應的制度等。

第四，關於健全城鄉發展一體化體制機制。要全面建成小康社會、加快推進社會主義現代化，必須解決城鄉發展不平衡不協調這一重大問題。

第五，關於推進協商民主廣泛多層制度化發展。

第六，關於改革司法體制和運行機制。這些年來，群眾對司法不公的意見比較集中，司法改革是這次全面深化改革的重點之一。

第七，關於健全反腐敗領導體制和工作機制。反腐敗問題一直是黨內外議論較多的問題。全會決定對加強反腐敗體制機制創新和制度保障進行了重點部署。

第八，關於加快完善互聯網管理領導體制。

第九，關於設立國家安全委員會。

第十，關於健全國家自然資源資產管理體制和完善自然資源監管體制。以此解決中國生態環境保護中存在的一些突出問題。

第十一，關於中央成立全面深化改革領導小組。中共中央成立全面深化改革領導小組，負責改革總體設計、統籌協調、整體推進、督促落實。

不難看出，這個決定形成了中國改革理論和政策的一系列新的重大突破，對當前中國面臨的重大和緊迫問題作出了系統改革部署。

十八屆三中全會之後，中國從中央到地方反應迅速，出臺了一系列經濟體制和其他領域的改革措。據初步統計，截至二〇一四年一月，中共中央、國務院、中央和國家機關有關部門已出臺改革性文件一百餘份，省區市黨委和政府已出臺二百餘份改革性文件，並且許多文件和政策很快得以落實。新一屆政府成立以來，取消和下放的行政審批事項達到約四百項。

近日，國務院正式發佈《國務院關於印發註冊資本登記制度改革方案的通知》，部署在全國範圍內實施註冊資本登記制度改革，工商登記制度其他改革也將逐步展開。根據通知，中國將放寬註冊資本登記條件，實行認繳登記制，大大降低了開辦公司的「門檻」，以此激發社會創業積極性，發揮市場決定性作用。事實證明，改革試點地區市場主體呈現「井噴」式增長。比如在廣東深圳，新登記市場主體同比增長百分之一百三十，其中私營企業增長勢頭最為迅猛。

中國迎來了又一個改革開放的春天，面對未來，破解發展面臨的各種難題，化解來自各方面的風險和挑戰。《中共中央關於全面深化改革若干重大問題的決定》及其實施，既充分體現了中共新一屆領導集體對改革難度的預見，同時又宣示了其解決困難的決心，正如習近平總書記二〇一四年二月七日在接受俄羅斯電視台專訪時所表示的：「在中國這樣一個擁有

▲ 二〇一三年九月十三日，中國電信與阿里巴巴達成戰略合作，將在雲計算、移動互聯網、數據中心等領域深化戰略合作，以開放合作創新共促信息消費。

十三億多人口的國家深化改革，絕非易事。中國改革經過三十多年，已進入深水區，可以說，容易的、皆大歡喜的改革已經完成了，好吃的肉都吃掉了，剩下的都是難啃的硬骨頭。這就要求我們膽子要大、步子要穩。膽子要大，就是改革再難也要向前推進，敢於擔當，敢於啃硬骨頭，敢於涉險灘。步子要穩，就是方向一定要準，行駛一定要穩，尤其是不能犯顛覆性錯誤。」

第九章 經濟全球化時代的中國與世界

一九七八年改革開放前的中國，經濟上基本自給自足，與世界經濟體系相脫離。實行改革開放政策以來，中國順應經濟全球化的發展趨勢，堅持走和平發展道路，既充分利用和平與發展的國際環境來發展自己，又通過自身的發展來維護世界和平，促進共同發展。

當代中國與世界的關係發生了歷史性變化，中國的前途命運日益緊密地同世界的前途命運聯繫在一起。

中國已成為當今國際體系的參與者、維護者和建設者，在國際事務中發揮著重要作用。作為一個負責任的發展中大國，中國致力於與各國一道建設一個持久和平、共同繁榮的和諧世界。

▎加入經濟全球化進程

　　各國間經貿關係日益密切是過去幾十年間的一個基本趨勢。一九五〇年全球貿易依存度是百分之五，現在則超過百分之五十，可以說，除了個別國家外，世界各國都捲入了世界分工和貿易體系之中，對外貿易成為世界各國經濟增長的重要發動機。

　　美國蘭德公司亞太政策中心負責人威廉・奧韋霍爾特對中國與日本加入經濟全球化進程有過如下評論：「儘管姍姍來遲，中國卻以遠比日本更加熱情的姿態加入全球化體系。中國經濟的開放程度遠超日本。」（《中國與全球化》）改革開放和經濟全球化使中國與世界的聯繫更加緊密，貿

▲ 北京商務中心區（CBD）

易依存度總體快速提高。一九七八年，中國對外貿易依存度僅為百分之十，一九九四年達到百分之四十二，此後幾年略有起伏，二〇〇二年又達到百分之四十三，二〇〇六年則達到歷史最高水平百分之六十七。近年來，中國經濟發展模式由外需拉動向內需驅動轉變，外貿依存度持續回落，但仍然保持較高水平，二〇一三年，中國的外貿依存度接近百分之四十六。外貿依存度保持高水平，反映了中國參與經濟全球化的程度不斷提高。

　　中國的對外開放水平已邁上新台階，國際化程度不斷提高。二〇一一年，是中國加入世界貿易組織十週年。美國前貿易代表巴爾舍夫斯基評價說，「中國在過去十年裡發生了舉世無雙、史無前例的變化。」這十年裡，中國已成為全球最開放的市場之一。中國入世承諾全部履行完畢，適時調整和改革經濟體制，修訂完善相關法律法規，全面融入世界經濟體系。中國關稅總水平由百分之十五點三降至百分之九點八，遠低於發展中國家平均水平；在 WTO 分類的一百六十多個服務部門中，中國服務貿易開放部門達到一百個，接近發達國家水平。

　　中國是國際多邊貿易體制的參與者和建設者，積極參與全球及區域經濟合作進程，並發揮建設性作用。中國積極參與世界貿易組織、國際貨幣基金組織、世界銀行、亞洲開發銀行等多邊和區域經濟合作組織活動，並參與八國集團、十二國集團對話，加強與主要經濟體的宏觀政策協調和金融、外匯、產業、貿易、能源等領域的對話。中國還以發展中國家身分積極參與國際多邊貿易體制和國際經濟規則制定，並發揮建設性作用。

　　中國重視區域雙邊經濟合作機制作用。中國參加的上海合作組織、亞太經濟合作組織、亞歐會議、東盟與中日韓（「10＋3」）、大湄公河次區

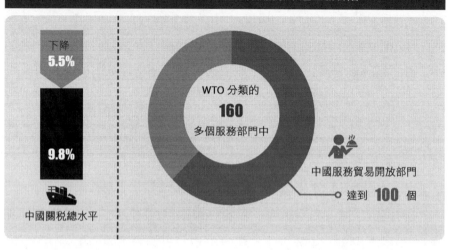

加入世貿組織 10 年，中國對外開放水平邁上新台階

下降
5.5%

9.8%

中國關稅總水平

WTO 分類的
160
多個服務部門中

中國服務貿易開放部門
達到 **100** 個

▲ 二〇一四年四月十一日，二〇一四博鰲亞洲論壇分論壇探討央行的職責、目標和危機處理。

域合作、亞太貿易協定等區域經濟合作機制下的貿易投資便利化談判已取得了積極進展。通過中國－東盟（「10＋1」）合作、中非合作論壇、中阿合作論壇、中國－加勒比經貿合作論壇、中國－太平洋島國經濟發展合作論壇等活動，中國與有關國家和地區加強區域經濟合作步伐。目前中國與有關國家和地區已累計建立了一百六十多個雙邊經貿合作機制，簽訂了一百五十多個雙邊投資協定，與美、歐、日、英、俄等均建立了經濟高層對話。

中國與有關國家和地區不斷加快自由貿易區建設，拓寬合作領域，提高合作水平。中國與五大洲的二十八個國家和地區建設了十五個自貿區，已簽署十個自貿協定。二〇一〇年，中國與十個自貿夥伴（包括東盟、巴基斯坦、智利、新加坡、新西蘭、祕魯、哥斯達黎加、香港和澳門地區、臺灣地區）的雙邊貿易額占同期中國進出口總額的百分之二十六點三。

▌給世界帶來新的發展機遇

「歷史上沒有任何一個國家能夠像中國那樣在過去三十年中保持如此令人眼花繚亂的經濟增長率。」這是二〇〇七年九月二十九日英國《經濟學家》雜誌一篇文章對中國經濟快速發展的評論。自一九七八年以來，中國經濟增長率年均近百分之十，遠遠超過日本和當年亞洲「四小龍」（韓國、新加坡、香港、臺灣）經濟起飛時期的增長率。近年來，世界經濟進入深度轉型和調整期，尚未形成新的增長點；中國為提高經濟增長質量，積極進行經濟結構調整。由此，中國經濟增長放緩，以從根本上解決經濟長遠發展問題。即便如此，近兩年中國經濟增長速度仍保持在 7.8%、7.7% 的高水平。

中國的發展是世界的發展的一個重要組成部分，中國的發展與全人類的共同利益息息相關。不斷發展壯大的中國對世界其他國家的重要性也越來越大。

中國的發展對全球貿易增長起到了積極的拉動作用。二〇〇七年，中國經濟對世界經濟的貢獻率已從一九七八年的 2.3% 上升到 19.2%，超過美國，位居世界第一。二〇一三年，中國經濟增長對全球經濟增長的貢獻將近百分之三十，大大高於中國占全球經濟規模的比重，發揮了超過中國經濟規模的帶動力。

從二〇〇一年中國加入世界貿易組織以來，中國平均每年進口七千五百億美元以上的商品，相當於為貿易夥伴創造了一千四百多萬個就業崗位。

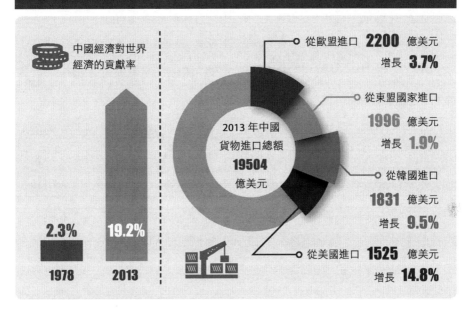

中國發展對全球貿易增長的拉動作用

中國經濟對世界經濟的貢獻率

2.3%　1978
19.2%　2013

2013 年中國貨物進口總額
19504
億美元

從歐盟進口 **2200** 億美元
增長 **3.7%**

從東盟國家進口
1996 億美元
增長 **1.9%**

從韓國進口
1831 億美元
增長 **9.5%**

從美國進口 **1525** 億美元
增長 **14.8%**

　　二〇一三年，中國進口繼續保持增長，貨物進口總額達到 19504 億美元，比上年增長 7.3%。其中，從歐盟進口 2200 億美元，增長 3.7%；從東盟國家進口 1996 億美元，增長 1.9%；從韓國進口 1831 億美元，增長 8.5%；從美國進口 1525 億美元，增長 14.8%。另外，二〇一三年中國全年服務進口 3291 億美元，比上年增長 17.5%。

　　中國進口規模的快速增長，為其他國家提供了廣闊的市場。美國美中貿易全國委員會發佈報告稱，二〇〇〇年至二〇一一年，美國對華出口增加了約八百八十億美元，僅次於同期美國向加拿大出口增加的 1020 億美元，超過美國向墨西哥的八百六十億美元的出口。代表可口可樂、寶潔等二百四十多家知名企業的該商會組織在報告中說：「對華出口攸關美國經

濟健康，並為美國創造良好的工作機會。中國是美國的第三大出口市場，並繼續為美國企業提供增長機會。」中國已成為美國產品的廣闊市場。可口可樂在中國的銷售量多年保持兩位數的增長，通用、福特汽車公司在中國銷售了大量別克、福特汽車。美國還向中國出口電氣設備、機械、計算機和交通運輸設備等眾多產品。

同時，中國逐年增加的出口，也為許多國家的消費者提供了物美價廉的商品，不僅滿足了進口國廣大消費者的需求，提高了進口國居民的實際收入水平，而且也有助於進口國保持經濟的穩定。中國製造的生活用品，切實地改善了美國人生活，特別是那些不富裕的美國人。受惠於來自中國物美價廉的商品，美國消費者在二〇〇一年後的十年節省開支六千多億美元，歐盟每個家庭每年則節省開支三百歐元。

▲ 二〇一一年十一月，中國石化與百勝集團簽署全國合作框架協議，宣佈百勝集團將通過中國石化擁有的全國範圍內的加油站、高速公路服務區等開設肯德基、必勝客等品牌餐廳。

物美價廉的中國產品也使一些國家的通貨膨脹率維持在較低水平，進而延長了經濟的上升週期。聯合國工業發展組織總幹事坎德赫·尤姆凱拉指出，中國的貿易驅動型增長對其他發展中國家產生了一種「涓滴效應」。中國高效的生產系統也使得消費者能夠以承受得起的價格獲得各種消費品，間接提高了發展中國家消費者的購買力，從而產生減輕貧困的效應。

中國的外匯儲備有相當一部分購買了美國等西方國家的國債，這有助於緩解美國等國的財政赤字的壓力。

中國參與經濟全球化，為全球產業結構優化拓展了空間，促進了各國經濟互補，成為世界經濟保持活力的一個重要因素。在開放和融入世界市場的過程中，中國以自己的市場和其他要素為世界提供機遇與財富源泉，推動了世界分工體系、價格體系和供求體系的改變，促進了經濟結構的優

▲ 二〇一一年五月，iPad 2 在中國內地市場正式銷售，北京西單蘋果直營店前，排隊購買的顧客人山人海。

化與升級。「中國因素」在世界經濟中發揮著積極作用。

中國的發展為國際資本提供了廣闊市場，在中國投資得到了積極回報。中國巨大的基礎設施建設市場使許多外國公司獲得大量商機。二〇〇一年至二〇一一年，在華外商投資企業累計匯出利潤 2617 億美元，年均增長百分之三十。

隨著中國企業實力的發展壯大，中國的對外投資也在不斷增加。中國對外直接投資規模由二〇〇二年的二十七億美元增至二〇一一年的 746.5 億美元，年均增長 26.9%。截至二〇一一年底，中國對外直接投資存量 4247.8 億美元，共設立境外企業 1.8 萬家，資產總額累計近二萬億美元。二〇一二年，中國境內投資者共對全球一百四十一個國家和地區的 4425 家境外企業進行了直接投資，累計實現非金融類直接投資 772.2 億美元；二〇一三年，這項投資數額達到 902 億美元，比上年增長 16.8%。二〇一一年，中國企業境外納稅超過 220 億美元，同比增長 88.7%，僱傭當地員工 88.8 萬人，員工本地化率 72.8%。中國在海外的投資不僅促進了發展中國家的經濟增長，為一些發達國家提供了新的就業機會，而且還挽救了一些瀕臨絕境的企業。

截至二〇一一年底，中國公民出境旅遊目的地國家和地區達到一百四十個。二〇一三年，中國內地居民出境人數達到 9819 萬人次，其中因私出境 9197 萬人次，比上年增長 19.3%。中國已超越美國和德國，成為全球最大出境遊客源地。到二〇一五年，中國出境遊人數將突破一億人次，而在二〇〇〇年時，這個數字僅為 1047 萬。二〇〇〇至二〇一二年期間，中國遊客境外旅遊消費增長了八倍，二〇一二年達到 1020 億美元。中國也已成為世界第一大國際旅遊消費國，對全球旅遊經濟的貢獻度達到

▲ 二〇一三年十月二十二日，在廣西桂林召開的第七屆聯合國世界旅遊組織/亞太旅遊協會旅遊趨勢與展望國際論壇上，世界旅遊組織執行主任馬修‧法維拉表示：二〇一二年，中國以七千八百萬的出境遊人數成為全球最大客源市場，今後五年，中國出境旅遊總人數有望突破四億人次。

百分之十三 。

　　中國開展對外經貿合作有著巨大潛力和美好前景。到二〇二〇年，中國市場規模和總需求將比二〇〇〇年翻兩番。在這一過程中，世界各國都能從與中國的互利合作中找到自己的發展機遇和巨大商機，這將對拉動世界經濟增長產生重要的積極作用。

　　中國已成為世界第二大經濟體。二〇一三年，中國 GDP 已達到 9.43 萬億美元，人均 GDP 接近七千美元；中國貨物貿易進出口總額躍居世界第二位，並成為世界第一出口大國、第二進口大國以及主要利用外資和對外投資國。到二〇二〇年左右，中國綜合國力將再上一個新台階，國際競爭力進入世界前十至十五位。預計二〇〇五至二〇二〇年，按平價購買力計算，中國對世界新增 GDP 貢獻率將為百分之三十七。未來的中國，將繼續給世界帶來更多發展機遇。

▌一個負責任的發展中大國

截至二〇一一年七月底，中國已與一百七十二個國家建立了外交關係。目前，中國與二百三十多個國家和地區有經貿往來，參加了一百三十多個政府間國際組織，加入了二十七項國際人權公約，簽署了三百多項國際條約。在國際事務中，中國既享有廣泛的權利，也承擔了相應義務，是國際社會的重要一員。

中國是當今國際體系的參與者、維護者和建設者。

——參與聯合國事務並維護聯合國權威。中國是舊金山制憲會議發起國，是聯合國創始會員國，也是第一個簽署《聯合國憲章》的國家，為聯合國誕生作出了突出貢獻。自一九七一年中國恢復在聯合國的合法席位以

▲ 二〇一三年十二月四日晚，中國首批赴馬里維和部隊先遣隊一百三十五名官兵抵達巴馬科國際機場。

來，中國積極參與聯合國各領域工作，不斷深化與聯合國的合作，切實履行自己的國際義務，堅持捍衛《聯合國憲章》的宗旨和原則。作為聯合國安理會常任理事國，中國全面參與聯合國安理會工作，努力維護安理會的權威和作用，推動通過協商、對話、談判等和平手段解決地區熱點問題，支持聯合國秘書長開展斡旋、調解等預防性外交。中國為安理會成功處理兩伊戰爭、柬埔寨、東帝汶等一系列問題發揮了建設性作用。中國支持聯合國進行全方位、多領域的必要、合理改革，主張聯合國應該始終朝著有利於維護《聯合國憲章》的宗旨和原則、有利於會員國團結、有利於會員國整體和長遠利益的方向發展。中國支持聯合國在國際反恐和防擴散領域的主導和協調作用，支持聯合國部署維和行動，積極推動在聯合國框架內解決地區衝突。中國廣泛參與聯合國在人權、發展、司法、環境保護、文化交流等各領域的國際對話和合作。

——參與全球能源安全和環境保護合作。中國積極加強雙邊和多邊能源合作，重視與國際社會共同維護世界能源安全，近年來，在能源開發、利用、技術、環保、可再生和新能源等方面，中國與有關國際組織和國家積極開展對話與合作。中國統籌國內發展和對外開放，積極參與世界石油天然氣等資源的開發和合作，在開放的格局中維護能源安全。中國與聯合國環境規劃署等十多個國際政府間組織、非政府組織開展了有效合作，中國已參加了五十多項涉及環境保護的國際條約，並切實開展履約工作。中國與美國、日本、加拿大、俄羅斯等四十多個國家簽署了雙邊環境保護合作協議或諒解備忘錄，與歐盟、阿拉伯國家聯盟等建立了環境合作機制，並幫助非洲國家開展環境保護能力建設。中國以負責任和積極的態度參與區域環境保護，建立了中日韓三國環境部長會議機制，啟動大湄公河次區

▲ 二〇一三年六月三十日，第十四屆東盟與中日韓（10+3）外長會議在文萊舉行。

域環境合作機制，以及東盟與中國（「10＋1」）和東盟與中日韓（「10＋3」）機制下環境合作。

　　——致力於加強國際軍控、裁軍和防擴散合作。中國一貫主張全面禁止和徹底銷毀核武器。中國自擁有核武器之日起就鄭重聲明，在任何時候任何情況下都不首先使用核武器，不對無核國家使用或威脅使用核武器。中國對發展核武器始終採取極為克制的態度，核武庫規模始終保持在自衛所需的最低水平。中國從未在國外部署核武器。中國是《全面禁止核試驗條約》的首批簽署國之一，自一九九六年七月起暫停核試驗，並一直恪守承諾。中國堅定支持《禁止生物武器公約》和《禁止化學武器公約》的實施，忠實履行公約義務。中國主張和平利用外空，推動國際社會採取切實行動有效防止外空武器化和外空軍備競賽。中國堅決反對大規模殺傷性武器及其運載工具的擴散，積極參與國際防擴散進程。中國已參加了防擴散

領域的所有國際條約和相關國際組織，並與其他國家和有關多國出口控制機制積極開展交流合作，推動通過對話和合作，以和平方式解決防擴散相關問題。中國不斷完善涵蓋核、生物、化學、導彈等相關敏感物項和技術及所有軍品的完備的出口管製法規體系，建立跨部門防擴散出口管制應急協調機制，加大執法力度。

——努力維護周邊和地區安全穩定。中國以實際行動尋求睦鄰互信，促進雙邊合作和地區安全合作，推動完善地區安全對話合作機制。本著公認的國際關係準則及平等協商、互諒互讓的精神，中國妥善解決與鄰國的邊境問題，化解爭端，促進穩定。經過與有關國家的共同努力，中國已與十二個陸地鄰國簽訂邊界條約，解決了歷史遺留的邊界問題。中國與印度、不丹邊界問題的解決正在朝著積極方向發展。中國與有關鄰國簽署一系列旨在促進雙邊互信的協定，與東盟簽署旨在維護南海穩定、開展南海合作的《南海各方行為宣言》，與菲律賓、越南在南海地區共同開發方面

▲ 二〇一二年十二月四日，上海合作組織成員國總理第十一次會議在吉爾吉斯斯坦首都比什凱克開幕。

取得突破性進展。中國以更加主動務實的姿態積極發展與大國的軍事關係，加強與周邊國家軍事交往，深化與發展中國家的軍事交流。通過加強高層互訪，鞏固雙邊友好合作基礎；通過開展戰略磋商和對話，增進相互溝通與信任；通過擴大利益匯合點，增強相互依存，避免對抗，努力實現共同安全穩定。

──積極推進地區安全對話和合作。在中國與東盟合作、東盟與中日韓合作、上海合作組織、亞歐會議、東盟地區論壇、亞洲合作對話等區域和跨區域機制中，發揮建設性作用。在上海合作組織框架內，中國與上海合作組織成員國全面加強防務安全合作，建立包括元首、總理、外長、國防部長會晤在內的多層次、寬領域合作機制，啟動上海合作組織秘書處和地區反恐怖機構，倡議建立互信、互利、平等、相互尊重的新型全球安全架構。中國高度重視東盟地區論壇的作用，並對論壇的健康發展提出建設

▲ 二〇一四年六月十日，中國外交部長王毅在北京會見韓國外交部韓半島和平交涉本部長、六方會談韓方團長黃浚局，就恢復朝核會談進行討論。

性主張，多次在論壇框架內，承辦或合辦有關非傳統安全領域的研討會。中國作為域外大國率先加入《東南亞友好合作條約》，為中國同東盟國家的和平友好注入了新活力。中國積極參與海上搜救、打擊海盜、打擊製販毒品等非傳統安全領域的地區合作。

——參與處理全球和地區熱點問題。主張通過談判、對話等政治和外交手段解決國際爭端，促進各國共同安全。在朝鮮半島核問題上，中國始終主張對話和平解決朝核問題，實現半島無核化，維護半島和東北亞地區的和平與穩定。2003 年以來，中國積極開展外交斡旋，先後促成並主辦中國、朝鮮、美國三方會談和中國、朝鮮、美國、韓國、俄羅斯、日本六方會談，推動半島無核化。在中東問題上，中國反對任何破壞地區和平穩定的做法，與其他國家共同推動安理會一致通過第 1701 號決議，並呼籲

▲ 二〇一四年三月，正在剛果（金）執行維和任務的中國第十六批維和分隊圓滿完成了聯剛穩定團賦予的一百八十三項工程保障、援建施工、人道援助以及一千一百多人次醫療救助任務，二百一十八名官兵全部被授予聯合國「維持和平勛章」。

有關各方繼續在聯合國有關決議和「土地換和平」原則的基礎上重啟和平進程，早日實現包括巴以問題在內的中東問題的全面、公正解決，實現相關國家和睦相處和地區持久和平。在伊拉克問題上，中國倡導在聯合國框架內政治解決，主張維護伊拉克主權獨立和領土完整，尊重伊拉克人民當家作主的願望，並為戰後伊拉克問題的妥善解決做了大量工作。在伊朗核問題上，中國支持維護國際核不擴散體系，維護中東地區的和平穩定，反對核武器擴散，主張通過外交談判和平解決伊核問題。

——不斷擴大參與聯合國維和行動。自一九八九年至二〇一三年，中國共參加二十四項聯合國維和行動，累計派出維和官兵二點二萬人，九名維和官兵在執行任務中犧牲。目前，中國常年有近二千名官兵在世界各地聯合國任務區維和。中國是聯合國安理會五個常任理事國中派遣維和軍事人員最多的國家，人數超過其他四個安理會常任理事國派出人數總和，也是繳納維和攤款最多的發展中國家。

——積極參與全球反恐鬥爭。中國堅持以《聯合國憲章》和其他公認的國際法準則為基礎，充分發揮聯合國及其安理會的領導和作用，與世界各國一道共同防範和打擊恐怖主義，清除恐怖主義產生的根源，特別是在反恐情報信息交流、截斷恐怖活動資金來源、引渡和遣送恐怖犯罪嫌疑人等方面加強合作，為國際反恐鬥爭做了大量卓有成效的工作。中國加入了《制止恐怖主義爆炸的國際公約》等十個反恐國際公約，簽署了《制止向恐怖主義提供資助的國際公約》，認真執行聯合國及其安理會通過的一系列關於反對恐怖主義問題的決議。中國倡導加強區域反恐合作，與有關國家舉行聯合反恐演習，探索反恐新途徑，有力震懾了國際恐怖勢力。

——堅持奉行防禦性的國防政策。中國的國防服從和服務於國家發展

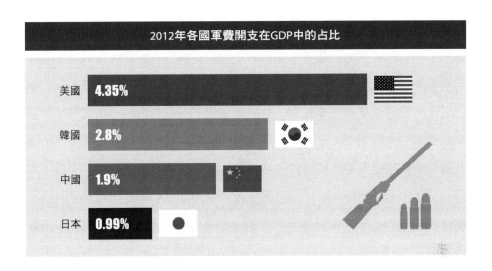

2012年各國軍費開支在GDP中的占比

美國 4.35%
韓國 2.8%
中國 1.9%
日本 0.99%

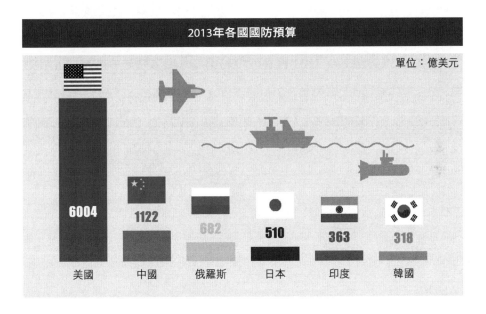

2013年各國國防預算

單位：億美元

美國 6004
中國 1122
俄羅斯 682
日本 510
印度 363
韓國 318

戰略和安全戰略，旨在維護國家安全統一，確保實現現代化建設的宏偉目標。中國在經濟發展的基礎上推進國防和軍隊現代化建設，是適應世界新軍事變革發展的趨勢、維護國家安全和發展利益的需要。二十世紀九〇年代以來，在經濟發展的基礎上，為維護國家主權和安全統一，適應世界新軍事變革的發展需要，中國保持了國防費的逐步增長。但是這種增長仍屬於彌補國防基礎薄弱的補償性增長，是與國家經濟發展相協調的增長。二〇一三年中國國防預算七千二百億元人民幣，比二〇一二年增長 10.7%，總量位居世界第二，但仍遠遜於美國。二〇一二年各國軍費開支在 GDP 中的占比，美國為 4.35%、韓國為 2.8%、中國為 1.99%、日本為 0.99%。英國智庫國際戰略研究所（IISS）發佈的《2014 軍力平衡》報告列出了二〇一三年國防預算最高的前十五個國家，美國的軍費開支達到 6004 億美元，中國軍費開支為 1122 億美元位居第二，俄羅斯為 682 億美元名列第三。日本防務開支排第七（510 億美元），印度排第九（363 億美元），韓國排第十一（318 億美元）。從國防費占 GDP 比重、國民人均國防費以及軍人人均國防費看，中國是世界上國防費投入相對較低的國家。

▌外交新理念與新氣象

人類只有一個地球。建設同一個美好家園，實現全球和諧，是各國人民孜孜以求的崇高理想。但是，現實世界並不安寧。局部衝突和熱點問題不斷出現，全球經濟失衡加劇，南北差距拉大，傳統安全威脅和非傳統安全威脅相互交織，世界和平與發展面臨諸多難題和挑戰。

二〇一二年末，中共十八大再次鄭重宣示：「和平發展是中國特色社會主義的必然選擇。要堅持開放的發展、合作的發展、共贏的發展。」同時，以習近平為總書記的新一屆中央領導集體根據國際形勢的變化和中國自身的發展大勢，著眼長遠利益和戰略全局，推進外交理論和實踐創新，

▲ 二〇一四年六月五日，中國—阿拉伯國家合作論壇第六屆部長級會議在北京舉行。會後，中國外交部長王毅與阿拉伯國家聯盟秘書長阿拉比簽署了《中國—阿拉伯國家合作論壇第六屆部長級會議北京宣言》《中國—阿拉伯國家合作論壇 2014 年至 2016 年行動執行計劃》《中國—阿拉伯國家合作論壇 2014 年至 2024 年發展規劃》三份文件。

提出一系列外交新理念，並開展一系列重要對外行動，展示了有中國特色的大國外交新氣象。中國正在創造性地實施「周邊是首要，大國是關鍵，發展中國家是基礎，多邊是重要舞台」的外交戰略佈局。

　　堅持正確義利觀，全力穩定和拓展周邊睦鄰友好關係。中國周邊有接壤、不接壤及隔海相望的鄰近國家約三十個，其中南面鄰國是十一個東南亞中小發展中國家，包括東盟十國和東帝汶。東盟十國都是中國的近鄰。本著「與鄰為善、以鄰為伴」，堅持睦鄰、安鄰、富鄰的原則，突出體現親、誠、惠、榮的理念，中國積極發展與東盟國家的友好合作關係。目前，中國與東盟的關係已呈現「平等互相、合作共贏」的良好發展態勢。在政治領域，雙方僅用十年多時間就建立了戰略夥伴關係；在安全領域，雙方努力通過對話增進互信，通過磋商和平解決爭議，通過合作實現地區

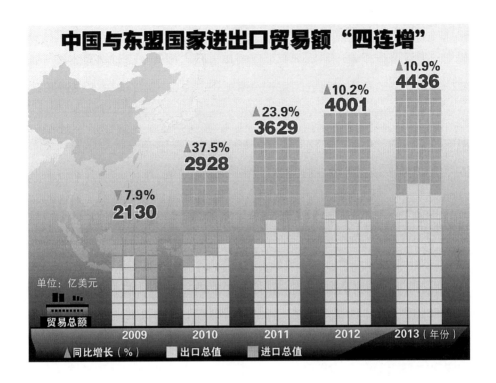

中国与东盟国家进出口贸易额 "四连增"

▼ 7.9% 2130
▲ 37.5% 2928
▲ 23.9% 3629
▲ 10.2% 4001
▲ 10.9% 4436

单位：亿美元

貿易總額

2009　2010　2011　2012　2013（年份）

▲同比增长（%）　■出口总值　■进口总值

安全，簽署了多項合作文件；在經濟領域，雙方貿易、投資和經濟合作發展很快。中國—東盟自由貿易區於二〇一〇年一月一日正式啟動，涵蓋十九億人口，GDP 超過六萬億美元，貿易額達 4.5 萬億美元，成為世界上由發展中國家組成的最大的自由貿易區，現正努力打造升級版；在國際和地區事務上，雙方共同推進東盟與中日韓（10+3）合作、東盟地區論壇、亞洲合作對話、亞太經濟合作組織、亞歐會議等區域和跨區域合作機制的健康發展。到二〇一一年，中國—東盟建立對話關係已走過二十週年，雙方的戰略夥伴關係前景良好。

「上海合作組織」的建立和發展，是中國致力於建設和諧周邊的又一成功範例。二〇〇一年，由中國、哈薩克斯坦、吉爾吉斯斯坦、俄羅斯、

塔吉克斯坦、烏茲別克斯坦六國組成的「上海合作組織」在中國上海宣告成立。上海合作組織成員國擁有地理相鄰、歷史相近、文化相通的得天獨厚的優勢，恪守和平與發展的宗旨，遵循民主原則，奉行對外開放政策，積極開展多種形式的對話、交流、合作。多年來，上海合作組織堅定不移地實踐和弘揚互信、互利、平等、協商，尊重文明多樣性，謀求共同發展的「上海精神」，已成為維護地區和世界和平、穩定、繁榮的重要力量。二○一三年九月，上合組織成員國元首理事會第十三次會議在吉爾吉斯斯坦首都比什凱克舉行，中國國家主席習近平發表講話，主張弘揚互信、互利、平等、協商、尊重多樣文明、謀求共同發展的「上海精神」。

努力推動主要大國關係，探索構建中美新型大國關係。中國的快速發展深刻改變了國際和地區形勢。為了破解歷史上「新興大國與守成大國必然衝突」這一歷史魔咒，化解國際社會對中國發展的疑慮，中共十八大提出要建立長期穩定健康發展的新型大國關係。「長期穩定健康發展」，意味著不因一時一地的偶發事件、局部事件而逆轉，而是要著眼大局、立足長遠。「新型大國關係」就是要在摒棄「零和」冷戰思維基礎上，加強戰略溝通，妥善處理分歧，拓寬合作領域，實現互利共贏，促進共同發展。

當前，中美關係是國際社會普遍關心的大國關係之一，其代表性意義就在於新興大國與守成大國之間的相處之道。二○一三年六月，習近平主席應邀與奧巴馬總統在安納伯格莊園會晤時，提出了中美新型大國關係的三點內涵：一是不衝突不對抗，二是相互尊重，三是合作共贏，得到了奧巴馬總統的積極回應。二○一三年十一月，美國總統國家安全事務助理蘇珊·賴斯在《美國的未來在亞洲》的演講中，也明確提出，要與中國「尋求實施一種新型大國關係」，通過駕馭競爭、深化合作、加強對話，提升

▲ 二○一四年五月二十至二十一日，亞洲相互協作與信任措施會議第四次峰會在上海舉行。習近平主席在會上發表主旨講話，強調中國將同各方一道，積極倡導共同、綜合、合作、可持續的亞洲安全觀，推動在亞信基礎上探討建立地區安全合作新架構，努力走出一條共建、共享、共贏的亞洲安全之路。圖為與會各國領導人合影后步向會場。

雙邊關係的質量，建立一種「在競爭與合作中實現最佳平衡」的大國關係。二○一三年十二月四日，美國副總統拜登訪華時表示，美中關係是21世紀最重要的雙邊關係，美方將積極致力於同中方一道，在相互尊重、相互信任、平等相待基礎上，建設美中新型大國關係。中美還成功舉行第五輪戰略與經濟對話，在落實兩國元首共識、推進中美新型大國關係建設方面取得積極進展。

在中國積極運籌和推進下，中國與其他大國關係也取得新進展和新突破。習近平擔任中國國家主席後，將俄羅斯作為首次出訪第一站，加強了中俄經貿、能源和戰略安全合作，夯實了中俄全面戰略協作夥伴關係基

礎。中俄在重大國際和地區問題、全球經濟治理等方面保持密切協調，全面戰略協作夥伴關係取得新發展，為新時期大國之間深化互信與合作樹立了典範。同時，中歐合作領域進一步拓寬，相互利益交融不斷加深，戰略合作關係水平持續提升。中國還積極發展與發展中大國及地區大國的友好合作關係，取得明顯成效。

大力加強與發展中國家的友好合作。中國領導人成功訪問非洲和拉美等發展中地區，充分體現了中國對發展中國家的高度重視。二〇一三年習近平訪問非洲期間，提出對非合作的真、實、親、誠四字箴言，特別強調中非合作的互利共贏性質，表示中國將不折不扣落實承諾，不附加任何政治條件，重在幫助非洲國家把資源優勢轉化為發展優勢，實現多元、自主、可持續發展。他的講話引發非洲領導人和民眾強烈共鳴，雙方在傳承友誼、增進互信、推進合作、共謀發展等方面取得豐碩成果。習近平訪問特立尼達和多巴哥、哥斯達黎加、墨西哥，並與加勒比地區八國領導人舉行雙邊會談，落實了一批重大合作項目，提升了中國同拉美和加勒比國家的整體合作水平。

中國十分注重以自身的發展促進世界的發展，實現與各國的共同發展。多年來，中國積極推進與發展中國家的經貿關係，不斷擴大互利共贏成果，廣大發展中國家從與中國的合作中獲得更多的發展機會和實惠。中國通過更大程度地開放國內市場，更多地進口發展中國家產品，以及為發展中國家提供生產技術幫助等方式，加強與發展中國家合作。中國政府支持有實力的中國企業在境外開展多種形式的互利共贏合作。

中國在自身發展任務十分艱巨的情況下，堅持以實際行動支持發展中國家發展，逐步擴大對發展中國家的經濟援助。二〇一〇年至二〇一二

▲ 中國資助的發展中國家反貧困問題研修班的學員

年，中國對外援助規模持續增長。其中，成套項目建設和物資援助是主要援助方式，技術合作和人力資源開發合作增長顯著。亞洲和非洲是中國對外援助的主要地區。為促進實現千年發展目標，中國對外援助資金更多地投向低收入發展中國家。二〇一〇年至二〇一二年，中國對外援助金額為893.4億元人民幣，共向一百二十一個國家提供了援助，其中亞洲地區三十國、非洲地區五十一國、大洋洲地區九國、拉美和加勒比地區十九國、歐洲地區十二國。此外，中國還向非洲聯盟等區域組織提供了援助。中國對外援助方式主要包括援建成套項目、提供一般物資、開展技術合作和人力資源開發合作、派遣援外醫療隊和志願者、提供緊急人道主義援助以及減免受援國債務等。

　　深入參與和引導多邊外交進程。習近平在會見國際組織領導人時強

調，中國積極倡導和踐行多邊主義，高度重視聯合國等國際組織的重要作用。中國將履行自己應盡的國際義務，在維護世界和平與安全、促進人類發展和進步，以及解決全球性問題和挑戰等領域與相關國際組織深度合作。中國與重要國際組織的關係取得新的發展。二〇一三年三月，習近平主席出席在南非德班舉行的金磚國家領導人第五次會晤，推進金磚國家機制建設。會晤後發表《德班宣言》和行動計劃，決定建立金磚國家開發銀行和外匯儲備庫等，為推動建立更加公正合理的國際政治經濟新秩序注入強勁動力。

傳統的繼承與變遷

在實行改革開放政策和參與經濟全球化的背景下，當代中國社會變化之劇烈、廣泛和深入，是歷史上未曾有過的。

今天的中國是傳統中國的延續，但更是與時俱進、開拓創新的國家。中國社會的發展正處在一個轉型時期，正以嶄新的姿態面向未來。

社會經濟成分發生變化。這一變化的一個顯著特點是向多樣化發展。社會主義市場經濟的深入發展，使經濟成份呈多樣性，出現以公有制為主體、多種所有制經濟共同發展的局面。同時，經濟組織形式、就業方式和分配方式也出現多樣化。這一切的發展也使社會利益關係日趨多樣化，不

▲ 重慶，農民工在專場招聘會上找工作。

同的階層對社會發展有著不同的認識，對自身利益有著不同的訴求。

城市化進程加快促進鄉村發生變化。中華古代文明是農業文明，小農經濟家庭生產和生活方式決定社會價值和發展模式。現代化與城市化緊密相伴，中國現代化建設的快速發展，使城市增多且規模擴大。近年來，由於政府積極推進城鎮化和產業結構升級，實施城市帶動農村、工業反哺農業的發展戰略，農民不再被固定在土地上。一些農民也因為城市對個人發展的機會多，生活方便，嚮往城市。近年來，大量的農村富餘勞動力向非農產業轉移，向城市流動，鄉村開始萎縮。大量轉移到城市的農村人口不僅為城市提供了充裕的勞動力，改善了農村經濟狀況，同時城市也給他們提供了更廣闊的施展才能的平台，增加了經濟收入，提高了生活水平。城

▲ 重慶市永川區仙龍鎮巨龍村十二個村民小組的二七六二名登記選民參加「巨龍村換屆選舉大會」，選舉產生新一屆村民委員會班子。

▲ 二〇一三年十月三十一日是西方傳統的萬聖節，在北京，南瓜燈、殭屍、吸血鬼等平日罕見的「怪物」紛紛出動，開始他們的狂歡之夜。

市化帶來的不僅是城鄉比重的變化，更重要的是觀念的變化，農民不再把土地作為唯一的依靠對象，克服了安土重遷、眷戀故土、求穩怕變的封閉、保守、平均觀念，賦予了新的競爭和創造精神。

中國人的價值觀念在發生變化。傳統文化中的一些不利於進取、創新的思想正在被具有時代氣息的價值觀念所取代。社會的發展進步，使全體人民對時間、效率、發展以及各種生產要素的認識，對公正、正義、誠信、友愛等的理解，在價值領域有很大的進步。民主、法制、自由、平等、博愛等價值觀念，為全社會所普遍接受，並為人們所努力踐行。以前的中國人崇尚個性內斂，行事低調，現在人們張揚個性，創造精神空前高漲，社會充滿朝氣與活力。這些年來，中國人思想活動的獨立性、選擇性、多變性、差異性明顯增強，這些對國家政治建設、文化建設提出了更

高要求。

　　文化發展呈多樣性特點。傳統與現代、東方與西方，各種不同文化在當今中國比比皆是，交織影響。突出藝術家的創作個性，尊重藝術自身發展的規律，已成為人們的共識。藝術作品的消遣趣味上升，現代藝術流派紛呈，藝術與生活更加融合。文學創作逐漸大眾化，作家平民化，網絡文學暢銷。流行音樂已成為人們生活中不可缺少的內容，網絡歌曲盛行一時。搖滾音樂遍地開花，傳統京劇藝術得到保護和弘揚。眾多的電視選秀節目人氣興旺，成為社會各方面廣泛參與的電視文化活動，標誌大眾文化消費時代的來臨。節日文化呈現多樣性，傳統的春節、中秋節等節日依然為大眾所喜愛，同時，情人節、聖誕節等西方節日也為年輕一代所熱衷。網民數量增長迅猛，有眾多的博客和播客。

　　中國人的婚姻家庭觀念也在發生重大變化。婦女參加工作，有了穩定

▲ 二〇〇七年十月，《哈利·波特7》中文版圖書首發，吸引了大量的哈迷。

的經濟收入，使男女平等意識增強，動搖了傳統中男性在家庭中的主導地位，男性權威下降。傳統的中國人，對待婚姻推崇白頭到老、從一而終。在今天的中國，這種情況發生了變化。近年來，中國的離婚率持續上升。離婚率的分佈不均衡，一般來說，城鎮高於農村，女性提出離婚的比率高於男性，年齡三十歲以上的中青年占大部分，受過高等教育的女性為多。社會交往擴大，人口流動性增強，家庭成員個人意識和自由意識的增強，造成家庭關係不穩定，非婚姻性關係增多。傳統的中國人把養育子女看得非常重要，認為膝下無子女，尤其是沒有兒子，是對祖先的最大不孝。現在人們的生育觀念轉變了，一些年輕人為了專注事業，追求更加自由的生活，選擇了丁克家庭。生育觀念的轉變和國家為控制人口採取的計劃生育政策，使中國的生育率顯著下降，人口老齡化速度加快。住房條件的改善

▲ 第三屆北京國際頂級生活品牌博覽會現場，來自二十多個國家和地區的三百多個國際高端品牌亮相。

和人口流動的加速，使家庭小型化的趨勢明顯。目前，中國第一代獨生子女已進入婚育年齡。傳統大家庭的金字塔結構，正在向反向發展。延續了數千年的家庭代際養老模式正受到前所未有的挑戰。中國城鄉平均家庭戶人均規模，已經從二十世紀七〇年代初的四點八人縮小到目前的三點一人。在各種家庭類型中，單身家庭、單親家庭增長加快。

社會經濟的發展，使人民生活水平大幅度提高，生活方式發生了改變。人們的消費觀念在更新、消費水平在提高、消費結構在優化、消費方式在多元化。現在的中國人也追求新潮，注重服裝的款式和流行色。尤其是年輕人，與其父輩相比，他們的生活方式發生了太多的變化。老輩人因長期生活在物資貧乏的年代，養成了艱苦樸素的生活習慣，而超前消費、品牌消費已成年輕人時尚，以致於一些國際頂級奢侈品公司看好中國的市

▲ 北京國貿中心林立的商業大廈之間，有一片籠中足球場，附近工作的白領和老外喜歡在晚上來此踢球，緩解一天工作的疲勞和壓力。

場，紛紛在中國開店。許多年輕人熱衷於西餐，北京、上海等大城市有來自世界各國的美味。青少年是西式快餐的擁躉，他們喜歡三五成群在肯德基、麥當勞的餐廳裡過生日。一些年輕人還通過按揭購房，建立起自己的天地，結婚後不再與父母生活在一起。他們把休閒看得與工作一樣重要，盡享生命之樂。

外國觀察家對中國正在發生的變化有過這樣的描述：

中國人民正在經歷的社會調整，其程度與範圍之深廣，無論如何估量也不過分。但是，正因為中國願意接受這樣的調整，人類歷史上還沒有哪個大國人民的生活水平和工作條件，曾經歷過如此迅速的改善。在改革剛開始的時候，上海的工人還都穿著同樣的服裝，看上去無精打采、缺乏熱情，很少有人擁有電視甚至手錶之類的日常用品。在農村，營養不良的現象到處蔓延。然而，今天普通的上海居民家庭輕而易舉地就擁有一台以上的電視機，營養不良的現像已經絕跡。（威廉・奧韋霍爾特：《中國與全球化》）

新社會主義研究叢刊 AA201001

當代中國概覽

作　者　金　帛
責任編輯　陳胤慧
版權策畫　李煥芹

發 行 人　陳滿銘
總 經 理　梁錦興
總 編 輯　陳滿銘
副總編輯　張晏瑞
編 輯 所　萬卷樓圖書股份有限公司
排　　版　菩薩蠻數位文化有限公司
印　　刷　維中科技有限公司
封面設計　菩薩蠻數位文化有限公司

出　　版　昌明文化有限公司
桃園市龜山區中原街 32 號
電話　(02)23216565
發　　行　萬卷樓圖書股份有限公司
臺北市羅斯福路二段 41 號 6 樓之 3
電話　(02)23216565
傳真　(02)23218698
電郵　SERVICE@WANJUAN.COM.TW
大陸經銷　廈門外圖臺灣書店有限公司
　　電郵　JKB188@188.COM

ISBN 978-986-496-432-1
2019 年 3 月初版
定價：新臺幣 460 元

如何購買本書：

1. 轉帳購書，請透過以下帳戶
   合作金庫銀行 古亭分行
   戶名：萬卷樓圖書股份有限公司
   帳號：0877717092596

2. 網路購書，請透過萬卷樓網站
   網址 WWW.WANJUAN.COM.TW

大量購書，請直接聯繫我們，將有專人為您
服務。客服：(02)23216565 分機 610

如有缺頁、破損或裝訂錯誤，請寄回更換
版權所有·翻印必究
Copyright©2019 by WanJuanLou Books CO., Ltd.
All Right Reserved　　　　**Printed in Taiwan**

國家圖書館出版品預行編目資料

當代中國概覽 / 金帛著. -- 初版. -- 桃園市：
昌明文化出版；臺北市：萬卷樓發行，
2019.03
　冊；　公分
ISBN 978-986-496-432-1(平裝)

1.中國大陸研究

574.1　　　　　　　　　108003033